Compra de Votos

O ativismo judicial do Tribunal Superior Eleitoral no combate à captação ilícita de sufrágio nas eleições brasileiras

Eliza Mara Alves do Prado

Compra de Votos

O ativismo judicial do Tribunal Superior Eleitoral no combate à captação ilícita de sufrágio nas eleições brasileiras

2ª edição

annabel lee

© Eliza Mara Alves do Prado
Todos os direitos desta edição reservados à editora

annabel lee
www.editoraannabel.com.br

EDITORES
REY VINAS E ELISABETE VINAS

PREPARAÇÃO
BEATRIZ DANTAS

CAPA
W. PADMÉ

REVISÃO
PROJECTO EDITORIAL

QNF 9, Lote 39, Loja 2, SAMDU Norte
Taguatinga Norte - Distrito Federal
CEP 72125-590

SHGIS 705 – Bloco E - 35
Brasília - Distrito Federal
CEP: 70350-705

Telefones: (61) 3374-7302 / 8410-0281
www.editoraannabel.com.br
e-mail: editoraannabel@gmail.com

PRADO, Eiza Mara Alves do.
Compra de votos: o ativismo judicial do Tribunal Superior Eleitoral no combate à captação ilícita de sufrágio nas eleições brasileiras. 2. ed. Brasília: Annabel Lee, 2014.

92.
ISBN 978-1494924492

1. Captação ilícita de sufrágio. 2. Eleições. 3. Legislação. I. Título.

CDD 865.3

Ao Afonso, meu eterno amor.
A meus pais, razão de minha existência.
A meus familiares, que souberam compreender minha não presença.
A meus amigos do Tribunal Superior Eleitoral, pela colaboração e pelo carinho; especialmente ao Gaspar, pelas observações e considerações oportunas ao aperfeiçoamento deste trabalho.

A Deus, Senhor de minha vida.

Ao professor Fabrício Juliano Mendes Medeiros, meu orientador, pelas vezes em que se fez ponte, em que me ajudou a atravessá-la e me encorajou a fazer a minha própria travessia.

No momento em que a sociedade brasileira presenciava uma grave crise ética e moral na política brasileira, consistente principalmente na corrupção eleitoral, entra no ordenamento jurídico brasileiro, por meio da Lei 9.840/99, de iniciativa popular, o art. 41-A da Lei 9.504/97, que trata da captação ilícita de sufrágio. Nascido dos anseios da sociedade, que clamava por um processo eleitoral livre da corrupção, o art. 41-A tem como bem jurídico a ser tutelado a livre escolha do eleitor. A postura institucional do Tribunal Superior Eleitoral, marcada pelo ativismo judicial em torno do art. 41-A, vem garantindo eficácia crescente a cada nova eleição. Nos cinco primeiros anos de aplicação desse dispositivo, o Tribunal Superior Eleitoral cassou do cenário político brasileiro 203 candidatos acusados de captação ilícita de sufrágio. A iniciativa da sociedade brasileira, a proatividade dos legisladores que agregaram ao ordenamento brasileiro o art. 41-A, a postura institucional e o ativismo judicial do TSE vêm moralizando o processo eleitoral, consubstanciado na punição aos candidatos infratores com cassações de registros ou diplomas expedidos e multa.

Sumário

UM ENFOQUE ORIGINAL, 13

PRIMEIRAS PALAVRAS, 15

CAPÍTULO I

A LEI DAS ELEIÇÕES, 17

O ARTIGO 41-A DA LEI Nº 9.504/97, 17

CAPTAÇÃO ILÍCITA DE SUFRÁGIO, 26

A LEI Nº 9.840/99 E SUAS NOVIDADES, 26

SUJEITO ATIVO DA CAPTAÇÃO ILÍCITA DE SUFRÁGIO, 31

SUJEITO PASSIVO NA CAPTAÇÃO ILÍCITA DE SUFRÁGIO, 34

A PROPAGANDA CAPTATIVA ILÍCITA DE VOTOS, 36

PARTICIPAÇÃO DIRETA E INDIRETA DO CANDIDATO, 37

EXECUÇÃO IMEDIATA DO ART. 41-A, 41

CAPÍTULO II

O ATIVISMO JUDICIAL DO TSE E O ARTIGO 41-A DA LEI DAS ELEIÇÕES, 45

PUNIÇÃO NA ESFERA CRIMINAL – ART. 299 DO CÓDIGO ELEITORAL, 45

O ARTIGO 41-A DA LEI 9.504/97 À LUZ DA INTERPRETAÇÃO DA CORTE ELEITORAL, 50

SUJEITO ATIVO NA CAPTAÇÃO ILÍCITA DE SUFRÁGIO, 52

COMPRA DA ABSTENÇÃO DO VOTO, 55

TERMO INICIAL DA INCIDÊNCIA DO ART. 41-A, 57

EXECUÇÃO IMEDIATA E APLICAÇÃO DO ART. 216 EM AÇÃO DE IMPUGNAÇÃO DE MANDATO ELETIVO FUNDAMENTADA NO ARTIGO 41-A, 60

POTENCIALIDADE E NEXO DE CAUSALIDADE, 62

PRESCINDIBILIDADE DE PEDIDO EXPRESSO PARA A CAPTAÇÃO ILÍCITA DE SUFRÁGIO, 66

DESNECESSIDADE DE IDENTIFICAÇÃO DO ELEITOR BENEFICIÁRIO, 69

CAPÍTULO III

A POSTURA INSTITUCIONAL DO TSE FRENTE AO ART. 41-A DA LEI DAS ELEIÇÕES, NO COMPARATIVO COM O ART. 299 DO CÓDIGO ELEITORAL, 71

O ATIVISMO JUDICIAL DO TRIBUNAL SUPERIOR ELEITORAL, 71

ARTIGO 299 DO CÓDIGO ELEITORAL X ARTIGO 41-A DA LEI 9.504/97, 73

O CASO CAPIBERIBE E A APLICAÇÃO DO ART. 41-A DA LEI 9.504/97, 79

OS CASSADOS PELO ARTIGO 41-A DA LEI DAS ELEIÇÕES, 80

FRENTE A UM NOVO CENÁRIO, 83

REFERÊNCIAS, 87

Um enfoque original

Conquanto o advento da Constituição Federal de 1988 haja representado um importante avanço no que diz respeito ao combate efetivo da corrupção, da fraude e do abuso dos poderes econômico e político nas eleições, o certo é que muitas situações corrosivas da livre manifestação do eleitor ainda careciam de regulamentação mais detida por parte da legislação infraconstitucional, o que vinha suscitando firme reação de parcela considerável da sociedade brasileira, ávida por um processo eleitoral imune à corrupção.

Para minimizar as mencionadas lacunas no sistema normativo-eleitoral brasileiro, e após intensa articulação de movimentos nascidos no seio da sociedade civil, ingressou no ordenamento pátrio a Lei n° 9.840, de 1999, que introduziu na Lei das Eleições (Lei n° 9.504, de 1997) o art. 41-A, dispositivo legal que veda a chamada captação ilícita de sufrágio.

Este livro, resultado de pesquisa acadêmica corporificada em monografia de conclusão do curso de Direito do Centro Universitário de Brasília (UniCEUB), analisa, precisamente, a postura institucional do Tribunal Superior Eleitoral frente à norma inscrita no referido art. 41-A da Lei das Eleições. Demais disso, por meio de um enfoque metodológica escorreita, a obra busca examinar como, a cada nova eleição, o órgão de cúpula da Justiça Eleitoral brasileira vem colaborando, de maneira decisiva, para a consolidação da nossa democracia, a partir, justamente, da aplicação do art. 41-A da Lei nº 9.504/97.

O trabalho de Eliza Mara Alves do Prado realizou um enfoque original, permeado das informações necessárias para a compreensão de como o Tribunal Superior Eleitoral vem interpretando o art. 41-A da Lei nº 9.504/97, na perspectiva de garantir a tão indispensável lisura dos processos eleitorais.

No primeiro capítulo da obra, tem-se a situação fático-jurídica vivenciada antes do ingresso no ordenamento jurídico do dispositivo que passou a vedar, expressamente, a captação ilícita de sufrágio universal. Já no segundo capítulo, por meio de um exame analítico da jurisprudência do Tribunal Superior Eleitoral, busca-se identificar como a norma insculpida no art. 41-A da Lei das Eleições vem sendo interpretada desde o seu ingresso no ordenamento jurídico. Por fim, o último capítulo dedica-se a cotejar os principais julgados do Tribunal Superior Eleitoral a respeito da matéria, com o propósito de detectar uma eventual alteração da postura institucional do órgão de cúpula da Justiça Eleitoral brasileira em relação à captação ilícita de sufrágio universal e seus efeitos jurídicos.

Certo é que a problemática objeto deste trabalho, como já se pode antever, é altamente instigante e, por isso mesmo, suscita e continuará suscitando inúmeras discussões, sobretudo no meio acadêmico. Contudo, não se pode olvidar a seriedade e o compromisso científico demonstrado por Eliza Mara, a quem deixo consignado os meus sinceros cumprimentos e o agradecimento por haver me escolhido para colaborar na orientação acadêmica do trabalho que gerou este livro.

Fabrício J. Mendes Medeiros
Mestre em Direito, professor de Direito Constitucional
do Centro Universitário de Brasília (UniCEUB),
Membro da Comissão de Direito Eleitoral da
OAB-Seccional do Distrito Federal.

Primeiras palavras

Muito se fala, em todas as instâncias do Poder Judiciário, sobre o *ativismo judicial* – diante da falta de previsão legal ou das inúmeras lacunas deixadas pelas normas.

A reflexão que este livro propõe dá-se acerca do ativismo judicial que se manifesta na postura institucional do Tribunal Superior Eleitoral (TSE) em relação ao art. 41-A da Lei 9.504/97, conhecida como Lei das Eleições.

No primeiro capítulo, analisa-se a situação fático-jurídica que se registrava antes da edição do art. 41-A da Lei das Eleições. Naquele momento histórico da política eleitoral brasileira, verificava-se a urgência da sociedade em buscar instrumentos legais para impedir a nefasta e disseminada prática da compra de votos (ou de ilicitudes similares a esta) pelos candidatos que almejavam, a qualquer custo, conquistar vaga em um dos diversos cargos eletivos, o que levou a sociedade brasileira e o legislador a saírem da inércia e elaborar o referido artigo.

A proposta, inserida no segundo capítulo, será a de demonstrar, por meio da análise da jurisprudência e da doutrina, como o Tribunal Superior Eleitoral vem interpretando o art. 41-A, a partir de sua entrada no cenário eleitoral em 1999, com efeito nas decisões já nas eleições do ano 2000.

A análise estará centrada principalmente em demonstrar se houve evolução no entendimento do Tribunal Superior Eleitoral em relação aos temas trazidos a julgamento, os quais não tinham previsão expressa no referido art. 41-A, o que motivou a Corte Eleitoral a impingir postura institucional ativista no que se refere à interpretação da lei, de forma a dar respostas aos anseios sociais. No entanto, esse ativismo judicial vem sofrendo críticas por parte de alguns doutrinadores, que entendem que o Tribunal Superior Eleitoral usurpa poderes do Legislativo e, mais do que interpretar a lei, cria normas.

O terceiro capítulo está consubstanciado na comparação analítica de casos julgados pela Justiça Eleitoral antes da entrada em vigor do art. 41-A e depois da inserção desse dispositivo no ordenamento jurídico brasileiro, na perspectiva de reafirmar (ou não) o ativismo judicial e a mudança de postura do Tribunal Superior Eleitoral nos julgamentos que envolvam captação ilícita de sufrágios. Verifica-se ainda se essa Corte eleitoral passou a enfrentar com maior rigor e abrangência as situações que configuram infração ao referido artigo, valendo-se de dados numéricos que reflitam os efeitos e as consequências do art. 41-A da Lei 9.504/97 quanto às cassações de registros de candidaturas e de diplomas de candidatos eleitos no período de 2000 a 2007.

Capítulo I

A Lei das Eleições

A Lei 9.504/97 entrou em vigência em 30 de setembro de 1997. Conhecida como Lei das Eleições, tornou-se um marco da legislação eleitoral brasileira ao consolidar as normas básicas sobre propaganda eleitoral, registro de candidatos e realização de coligações, além de prever as condutas e os atos que são vedados a candidatos e governantes durante as eleições e a aplicação de multas aos infratores.

O foco deste estudo é a captação ilícita de sufrágio, uma conduta prevista no art. 41-A da Lei 9.504/97, norma legal que tem como objetivo resguardar a vontade do eleitor.

Artigo 41-A da Lei 9.504/97

Em 1999, foi incorporado à Lei das Eleições o art. 41-A, acrescido pela Lei 9.840/99, denominada de Lei de Combate aos Crimes Eleitorais. Esse dispositivo trata da prática nefasta da "compra de votos", que macula o resultado das eleições e retira a legitimidade do eleito, dado que, na expressão de Pedro Henrique

Távora Niess, "o voto não é uma mercadoria exposta à venda ou troca, mas uma premiação que deve ser conquistada após justa disputa, pelas ideias e pela história do competidor".[1] O caminho percorrido até o nascimento do art. 41-A foi longo e árduo. Para melhor compreender essa trajetória, faz-se aqui um breve histórico, tomando como ponto de partida o período conhecido como "República Velha" (1889-1930). Em 1891, a Constituição Republicana trouxe em seu bojo mudanças significativas em relação às eleições no Brasil, dentre estas a extinção do voto censitário[2] e indireto, forjado na Carta Magna de 1824, que assim assumiu esta nova redação:

> Art. 47. O presidente e vice-presidente da República serão eleitos por sufrágio directo da Nação, e maioria absoluta de votos.[3]

O propósito das modificações contidas na Carta de 1891 tinha caráter positivo para as eleições no país. Os eleitores, por meio do voto direto, livre e consciente, poderiam escolher seus candidatos; porém não foi exatamente isso que se viu ao longo dos anos. Com

---

[1] NIESS, Pedro Henrique Távora. **Direitos políticos, condições de elegibilidade e inelegibilidade**. São Paulo : Saraiva, 1994.

[2] O voto censitário consistia na concessão do direito a voto apenas aos cidadãos que atendessem a critérios provenientes de condições econômicas satisfatórias (quem ganhasse mais de $100.000,00 – cem mil-réis).

[3] BARBALHO, João. **Constituição Federal Brasileira, 1891**: Comentada/ João Barbalho Uchôa Cavalcanti; prefácio de Walter Costa Porto. Ed. Fac-Similar. Brasília : Senado Federal, Conselho Editorial, 2002. v. 34. p. 175.

o advento do sufrágio direto, instalou-se a chamada Política dos Governadores, que fortaleceu as oligarquias regionais, dando causa à deturpação do sufrágio, por meio da manipulação e do "arrebanhamento" das massas para formar grandes *currais eleitorais*.[4] A Constituição de 1891 previu o voto direto, mas foi silente quanto ao secreto, fragilizando e expondo os eleitores num ambiente comandado pelos "coronéis", o que gerou graves danos ao sistema eleitoral brasileiro. A prática utilizada para a captação de sufrágio era, muitas vezes, o uso da força e da violência, advindas dos coronéis que pretendiam ser eleitos ou eleger seus correligionários. A barganha de bens ou vantagens pessoais de qualquer natureza sempre foi um instrumento de captação de sufrágio utilizado pelos candidatos a cargos eletivos, que se tornou mais eficaz com a entrada em vigor, na seara política, em 1932, do Código Eleitoral, obra conjunta de Assis Brandão, João Cabral e Mário Pinto Leiva, pós-Revolução de 1930. O Código instituiu o voto direto, obrigatório e secreto e vigeu até a outorga da Constituição de 1937, que excluiu a Justiça Eleitoral dos órgãos do Poder Judiciário. Entre 1937 e 1945, Getúlio Vargas nomeou interventores para o Poder Executivo estadual e municipal, dissolveu as Casas Legislativas e cancelou as eleições em todo país.

---

[4] Regiões dominadas politicamente pelos chamados "coronéis", pessoas de grande influência que faziam valer seu poder econômico.

A Edição do Decreto-Lei nº 7.586, de 28 de maio de 1945, regulamentou as eleições e restabeleceu a Justiça Eleitoral, cujas atividades foram retomadas a 7 de junho de 1945.

No período de 1946 a 1964, o Brasil vivenciou várias modificações nas leis eleitorais, entre as quais se destacam a extinção dos partidos políticos e a cassação dos direitos políticos, após o golpe de Estado que levou os militares ao poder máximo no Brasil.

O Código Eleitoral hoje em vigor teve origem na Lei nº 4.737, de 15 de julho de 1965, que estabeleceu os princípios básicos do atual sistema eleitoral brasileiro e ampliou o campo de atuação dessa Justiça especializada.

Na concepção do novo Código Eleitoral, o legislador introduziu o art. 299, atualmente em vigor, que tipificou penalmente a conduta de captação ilícita de sufrágio como crime de corrupção eleitoral. O objetivo da norma era repelir essas práticas danosas à vontade e liberdade de escolha do eleitor, conforme se pode ler na transcrição:

> Art. 299. Dar, oferecer, prometer, solicitar ou receber, para si ou para outrem, dinheiro, dádiva, ou qualquer outra vantagem, para obter ou dar voto e para conseguir ou prometer abstenção, ainda que a oferta não seja aceita: Pena – reclusão até quatro anos e pagamento de 5 a 15 dias-multa.[5]

---

[5] BRASIL. Lei nº 4.737, de 15 de julho de 1965. Institui o Código Eleitoral. *DOU* de 17 de julho de 1965.

"Dar" pressupõe atuação positiva no sentido de entregar (ex.: dinheiro, dádiva...) com fins eleitorais.[6] "Oferecer" tem o sentido de pôr à disposição, apresentar para que seja aceito. "Prometer" tem o significado de obrigar-se, comprometer-se, garantir, dar alguma coisa.[7] "Solicitar" ou "receber" são modalidades de corrupção eleitoral passiva que se transfiguram na ação de pedir ou aceitar dinheiro.[8]

A aplicabilidade dessa norma esbarrou sobremaneira na efetividade, principalmente em relação à coibição da conduta, pois nos raros casos em que se conseguia obter provas da compra de votos realizada pelo candidato, a eventual condenação quase sempre chegava tardiamente, porquanto os mandatos já estavam findando, ou em muitos casos já haviam terminado, o que frustava o objetivo maior elencado no dispositivo: a punição.

Desse modo, tornou-se essencial e urgente a elaboração de norma com incisiva e célere repercussão na esfera jurídica de pessoas que se valem da compra de votos, de modo a obter punição mais eficaz, visando à moralização do processo eleitoral e contenção da captação ilícita de sufrágio, tendo em vista que trouxe em seu bojo a previsão de cassação do registro de candidatura ou do diploma do candidato, se eleito.

Em 1999, surgia uma grande campanha nacional em favor da moralização e da ética na política brasi-

---

[6] GOMES, Suzana de Camargo. **Crimes eleitorais**. 4. ed. São Paulo: Revista dos Tribunais, 2010. p. 196.
[7] Idem. Suzana de Camargo Gomes citando Celso Delmanto.
8 Id. Ibid.

leira. O movimento foi coordenado pela Conferência Nacional dos Bispos do Brasil (CNBB), Ordem dos Advogados do Brasil (OAB), Associação dos Magistrados Brasileiros (AMB), Associação dos Juízes para a Democracia (AJD) e Central Única dos Trabalhadores (CUT), entre outras entidades.

Assim foi apresentada para a sociedade a justificativa de tão importante lei:

> A história da Lei 9.840, de 28 de setembro de 1999, inicia-se com o lançamento do Projeto "Combatendo a Corrupção Eleitoral", em fevereiro de 1997, pela Comissão Brasileira Justiça e Paz (CBJP), da Conferência Nacional dos Bispos do Brasil (CNBB). Esse Projeto deu continuidade à Campanha da Fraternidade de 1996, da CNBB, cujo tema foi "Fraternidade e Política".[9]

A iniciativa da lei foi popular,[10] porém optou por sua tramitação como projeto de iniciativa parlamentar, desde que subscrito por todos os partidos presentes na Casa, devido ao prazo insuficiente para validar as assinaturas dos subscritores. O projeto teve onze representantes, a saber: Albérico Cordeiro, do PTB; Aldo Rebelo, do PCdoB; Antonio Carlos Biscaya, do PT; Antonio Medeiros, do PFL; Arnaldo Faria de Sá, do PPB; Cabo Júlio, do PL; Fernando Gabeira, do PV; Gustavo Fruet, do PMDB; João Hermann Neto, do

---

[9] MCCE, Conheça a Lei. Disponível em <http://www.lei9840.org.br> Acesso em 13 de setembro de 2008.

[10] A "iniciativa popular" consiste em projeto de lei apresentado por no mínimo 1% dos eleitores brasileiros, com início de tramitação na Câmara dos Deputados.

PPS; Luiza Erundina, do PSB; e Zulaiê Cobra Ribeiro, do PSDB. Outros cinquenta deputados também o subscreveram, apoiando-o individualmente.[11] Nesse contexto, foi introduzido o art. 41-A da Lei 9.504/97, num momento em que a sociedade brasileira passava por uma visível evolução comportamental frente ao grave e explícito posicionamento de candidatos a cargos do Executivo e do Legislativo que não raro buscavam "comprar o voto" dos eleitores com dinheiro, medicamentos, tênis, dentaduras...

Apresentado ao Congresso Nacional, após todos os trâmites legais nascia a Lei Federal nº 9.840, de 28 de setembro de 1999, que acrescentou o art. 41-A à Lei nº 9.504, de 30 de setembro de 1997, com a seguinte redação:

> Art. 41-A. Ressalvado o disposto no art. 26 e seus incisos, constitui captação de sufrágio, vedada por esta lei, o candidato doar, oferecer, prometer, ou entregar ao eleitor, com o fim de obter-lhe voto, bem ou vantagem pessoal de qualquer natureza, inclusive emprego ou função pública, desde o registro da candidatura até o dia da eleição, inclusive, sob pena de multa de mil a cinquenta mil Ufirs e cassação do registro ou do diploma, observado o procedimento previsto no art. 22 da Lei Complementar nº 4, de 18 de maio de 1990.[12]

A inclusão desse dispositivo na Lei das Eleições propiciou à sociedade brasileira, pela primeira vez na

---

[11] MCCE, *Conheça a Lei*. Disponível em <http://www.mcce.org.br/node/6> Acesso em 22 de abril de 2011.
[12] BRASIL, Lei nº 9.504, de 30 de setembro de 1997. Estabelece normas para as eleições. *DOU* de 1º de outubro de 1997.

história (como primeiro projeto de lei de iniciativa popular), interferir diretamente no ordenamento jurídico e manifestar indignação em relação aos atos ilícitos de candidatos aos pleitos eleitorais, atos estes que se perpetuavam há mais de 500 anos no Brasil. A compra de votos na política brasileira e as fraudes eleitorais remontam à Primeira República e perpassaram todos os outros períodos históricos até os dias atuais. Anota-se, porém, que tanto a sociedade como o sistema eleitoral brasileiro evoluíram. Mostra dessa evolução social foi a mobilização nacional contra os atos ilícitos dos candidatos e em favor da moralização e da ética na política, como se pode verificar na Cartilha denominada *Lei 9.840 – Vamos combater a corrupção eleitoral*, lançada pelo Comitê Nacional do Movimento de Combate à Corrupção Eleitoral, que traz em seu bojo a seguinte informação:

> A Lei 9.840 foi criada em 1999 para combater a compra de votos e o uso da máquina administrativa durante o período eleitoral. Mas o interessante é que ela foi criada com a força da população brasileira, que se organizou para coletar mais de um milhão de assinaturas, tornando a Lei 9.840/99 a primeira lei de iniciativa popular da história do país.[13]

Após a entrada em vigor desse dispositivo legal em 1999, com vigência iniciada nas eleições de 2000, a sociedade brasileira, por diversas vezes, teve notícias,

---

[13] MCCE. **Cartilha da Lei 9.840/99**. Disponível em:<http://www.lei9840.org.br/materiais/cartilha.pdf>. Acesso em 14 de setembro de 2008.

pelos meios de comunicação de massa, de punições de candidatos, e até mesmo de eleitos, advindas em razão do referido dispositivo. Segundo assinalou o ministro José Augusto Delgado, no artigo intitulado "Reflexões doutrinárias e jurisprudenciais sobre o art. 41-A da Lei 9.504/97", constatou-se que:

> Nos quatro primeiros anos de sua aplicação, 120 candidatos a vereador, prefeito, deputado estadual, deputado federal e senador viram contra si proferidas sentenças em que se reconhecia a prática da captação ilícita de sufrágio (denominada legalmente de "compra de votos"). Desse total, aproximadamente 80% foram afastados dos cargos.[14]

A presença desse dispositivo nas leis que disciplinam as regras eleitorais brasileiras se mostra eficaz quando se verifica a sua efetiva aplicação, e está correspondendo aos anseios do povo brasileiro.

A preservação da vontade do eleitor substancia as sanções de cassação do registro ou do diploma previstas no art. 41-A da Lei n° 9.504/97, em que a captação ilícita de sufrágio é apurada por meio de representação do interessado.

É de se considerar que, em verdade, não foi o legislador que abandonou a inércia e a desfaçatez diante deste grande problema que afetava o sistema eleitoral brasileiro, mas sim a população – com mais de um milhão de assinaturas – que, por meio de lide-

---

[14] DELGADO, José Augusto. **Reflexões doutrinárias e jurisprudenciais sobre o art. 41-A da Lei 9.504/97**. Disponível em <http://www.tribunalsuperioreleitoral.gov.br>. Acesso em 14 de setembro de 2008.

ranças de representações civis, soube fazer bom uso da "iniciativa popular" para a proposição do projeto que se tornou lei.

Captação ilícita de sufrágio

Captação ilícita de sufrágio é a expressão jurídica utilizada para designar a popular "compra de votos"; a tentativa de alienar o direito do eleitor de escolher de forma livre e soberana seus candidatos, em troca de um valor proveniente de bem ou vantagem de qualquer natureza, revestidos na forma de dinheiro em espécie, bicicletas, tênis, dentaduras, aparelhos auditivos, materiais de construção, uniformes para times de futebol, promessas de emprego ou função pública, entre outras, no lapso temporal que se compreende da data do registro da candidatura até o dia da eleição, inclusive.

A Lei nº 9.840/99 e suas novidades

O que se pretendeu com a criação da Lei 9.840/99 foi frear despautérios conhecidíssimos das campanhas políticas que maculavam a escolha popular. A intenção foi a de que o processo eleitoral tivesse o seu caminho normal e ideal centrado no debate de ideias e na divulgação de propostas, com a finalidade de conseguir o voto dos eleitores.

A Lei nº 9.840, de 28 de setembro de 1999, trouxe acréscimos e alterações às normas contidas na Lei nº

9.504, de 1º de outubro de 1997, bem como ao Código Eleitoral, para estabelecer meios administrativos de repressão à prática da captação ilícita de sufrágio e ao uso eleitoral da máquina administrativa, a saber:

Lei nº 9.840, de 28 de setembro de 1999

Altera dispositivos da Lei nº 9.504, de 30 de setembro de 1997, e da Lei nº 4.737, de 15 de julho de 1965 – Código Eleitoral Brasileiro.

O Presidente da República

Faço saber que o Congresso Nacional decreta e eu sanciono a seguinte lei:

Art. 1º. A Lei 9504, de 30 de setembro de 1997, passa a vigorar acrescida do seguinte artigo:

Art. 41-A. Ressalvado o disposto no art. 26 e seus incisos, constituiu captação ilícita de sufrágio, vedada por esta Lei, o candidato doar, oferecer, promoter, ou entregar, ao leitor, com o fim de obter-lhe o voto, bem ou vantagem pessoal de qualquer natureza, inclusive emprego ou função pública, desde o registro da candidatura até o dia da eleição, inclusive, sob pena de multa de mil a cinquenta Ufir, e cassação do registro ou do diploma, observado o procedimento previsto no art. 22 da Lei Complementar nº 64, de 18 de maio de 1990.

Art. 2º. O § 5º do art. 73 da Lei nº 9.504, de 30 de setembro de 1997, passa a vigorar com a seguinte redação:

Art. 73 [...]

"§ 5º Nos casos de descumprimento do disposto nos incisos I, II, III, IV e VI do caput, sem prejuízo do dis-

posto no parágrafo anterior, o candidato beneficiado, agente público ou não, ficará sujeito à cassação do registro ou do diploma." (NR)
[...]

Art. 3º. O inciso IV do art. 262 da Lei nº 4.737, de 15 de julho de 1965 – Código Eleitoral passa a vigorar com a seguinte redação:

Art. 262 [...]
"IV – concessão ou denegação do diploma em manifesta contradição com a prova dos autos, nas hipóteses do art. 222 desta Lei, e do art. 41-A da Lei nº 9.504, de 30 de setembro de 1997." (NR)

Art. 4º. Esta Lei entra em vigor na data de sua publicação.
Art. 5º. Revoga-se o § 6º do art. 96 da Lei nº 9.504, de 30 de setembro de 1997.
Brasília, 28 de setembro de 1999; 178º da Independência e 111º da República.

FERNANDO HENRIQUE CARDOSO.[15]

Em análise a essa lei, assevera Márlon Jacinto Reis, quanto às suas novidades:

a.1) estabeleceu como fato que dá ensejo à cassação do registro ou do diploma eleitorais e à aplicação de multa a conduta daquele que pratica a denominada "compra de votos" (captação ilícita de sufrágios); a.2) estipulou, entre as condutas vedadas aos agentes públicos, quais acarretariam a aplicação de medida de cassação

---

[15] BRASIL, **Lei nº 9.840, de 28 de setembro de 1999**. Altera dispositivos da Lei nº 9.504/97 e Lei nº 4.735/65 (Código Eleitoral).

do registro ou do diploma; a.3) estipulou explicitamente a captação ilícita de sufrágio, por meio da conduta descrita no art. 41-A, acrescentado à Lei das Eleições, como um dos fundamentos para o manejo do recurso contra a diplomação.[16]

Na primeira hipótese, importa esclarecer que, para configurar a captação ilícita de sufrágios, basta a comprovação da "compra" de apenas um voto para que o candidato sofra as punições da lei. A jurisprudência do Tribunal Superior Eleitoral há muito tempo entende que não é necessário aferir a potencialidade de a conduta praticada provocar o desequilíbrio na disputa e com isso afetar o resultado da eleição. Repise-se que o bem jurídico que se pretende resguardar é a liberdade de escolha do eleitor, e não o equilíbrio da disputa.

Nesse sentido, o Tribunal Superior Eleitoral, por maioria, conheceu e deu provimento ao Recurso Especial Eleitoral nº 21.264[17] como Recurso Ordinário

---

[16] REIS, Márlon Jacinto. **Uso eleitoral da máquina administrativa e captação ilícita de sufrágio**. Rio de Janeiro : FGV, 2006.

[17] TRIBUNAL SUPERIOR ELEITORAL. Recurso Especial Eleitoral nº 21.264. Ementa: Eleitoral. Representação: prática de conduta vedada pelo art. 41-A da Lei nº 9.504/97, acrescentado pelo art. 1º da Lei nº 9.840, de 28.9.99: compra de votos. I - Recurso interposto anteriormente à publicação do acórdão recorrido: tempestividade. Precedentes do Tribunal Superior Eleitoral. II - Tratando-se de matéria que possibilita a perda de mandato eletivo federal, o recurso para o Tribunal Superior Eleitoral é ordinário: CF, art. 121, § 4º, IV. Conhecimento de recurso especial como ordinário. III - Impedimento e suspeição de juízes do TRE: não acolhimento. IV - Prática de conduta pelo art. 41-A da Lei nº 9.504/97, acrescentado pelo art. 1º da Lei nº 9.840/99: compra de votos. Há, nos autos, depoimentos de eleitoras, prestados em juízo, que atestam a compra de votos. V - Para a configuração do ilícito inscrito no art. 41-A da Lei nº 9.504/97, acrescentado pela Lei nº 9.840/99, não é necessária a aferição da potencialidade de o fato desequilibrar a disputa eleitoral. Ademais,

e cassou os diplomas do senador João Alberto Capiberibe e de sua esposa, a deputada federal Janete Capiberibe, sob o argumento de que foi comprovada a compra de dois votos no valor unitário de R$ 26,00 (vinte e seis reais), tema que será apreciado no capítulo III.

A nova lei procurou recompor a soberania popular tratada no art. 14 da Constituição de 1988, que assegura o sufrágio universal direto e secreto em igualdade de condições para todos os votantes.

A necessária liberdade para escolha dos representantes vinha sendo mitigada em condições extremas, sendo que o eleitor passou a ter "mediadores" que agridem o seu direito de escolha, embora não seja dado a ente algum o direito de interferir nessa sagrada liberdade, de índole constitucional.

A vontade do eleitor tem de ser preservada em seu necessário sigilo. A ninguém cabe o direito de saber, contra a vontade do votante, qual foi a sua escolha. Essa igualdade na escolha do voto não se circunscreve apenas a um caráter numérico, mas principalmente se estende à igualdade de valor ao resultado do pleito.

As garantias para se manter o voto livre e secreto têm de ser oferecidas pelo Estado dentro do processo

---

para que ocorra a violação da norma do art. 41-A, não se torna necessário que o ato de compra de votos tenha sido praticado diretamente pelo próprio candidato. É suficiente que, sendo evidente o benefício, do ato haja participado de qualquer forma o candidato ou com ele consentido: Ag. nº 4.360/PB, Min. Luiz Carlos Madeira; REspe nº 21.248/SC, Min. Fernando Neves; REspe nº 19.566/MG, Min. Sálvio de Figueiredo. VI - Recurso especial conhecido como ordinário e provido. Relator: Carlos Velloso. Brasília - DF, 27 abril de 2004. DJ de 11.6.2004, v. 1, p. 94.

que se quer democrático. Aí entra a finalidade do art. 41-A, da Lei das Eleições, que se apresenta com um rito processual sumário com possibilidade de execução imediata da decisão que cassa o registro ou o diploma do candidato que faz captação ilícita de sufrágio. Nos dizeres de Olivar Coneglian:

> [...] talvez o único ganho significativo e almejado pelos autores da lei seja o tempo de duração do processo, uma vez que o rito da investigação judicial eleitoral mostra-se mais eficiente que o rito ordinário.[18]

Sujeito ativo da captação ilícita de sufrágio

O sujeito ativo na "compra de votos" é o candidato, pois só ele pode cometer o ato ilícito prescrito no art. 41-A: "[...] doar, oferecer, prometer, ou entregar, ao leitor [...]". O candidato estimula o eleitor a "negociar" seu voto por meio de oferta de natureza ilícita, a fim de obter bem ou vantagem de qualquer natureza, o que contraria o sistema democrático que agasalha o processo eleitoral no Brasil.

O agente está no polo ativo, viciando a vontade do eleitor – com destaque para aqueles com carência econômica – a votar no interesse pessoal do candidato, assim contrariando o processo eleitoral, que pretender focar a vontade da maioria.

---

[18] CONEGLIAN, Olivar. **Propaganda eleitoral**: de acordo com o Código Eleitoral e com a Lei 9.504/97, modificada pelas Leis 9.840/99, 10.408/02 e 10.740/03. 6. ed. Curitiba : Juruá, 2004.

Para caracterizar a ilicitude do art. 41-A da Lei nº 9.504/1997, é preciso que o candidato (direta ou indiretamente) tenha efetivamente a intenção de praticar os núcleos da *doação, promessa* ou *entrega* do bem ou vantagem pessoal ao eleitor. Deve estar caracterizada a vontade explícita de pretender, em contrapartida, o voto daquele que os está recebendo.

Para o Tribunal Superior Eleitoral, o candidato é o sujeito ativo da captação de votos, nos termos do art. 41-A, conforme se extrai da leitura do Recurso Especial Eleitoral nº 19.566, onde está inserto:

> [...] resta caracterizada a captação de sufrágio prevista no art. 41-A da Lei nº 9.504/97 quando o candidato praticar, participar ou mesmo anuir explicitamente às condutas abusivas e ilícitas capituladas naquele artigo.[19]

---

[19] TRIBUNAL SUPERIOR ELEITORAL. Recurso Especial Eleitoral nº 19.566. Ementa: Recurso especial. Inelegibilidade. Arts. 22 da Lei Complementar nº 64/90 e 41-A da Lei nº 9.504/97. Caracterização. Cassação de diplomas. Prova. Enunciados sumulares do STF e STJ. Imprescindibilidade ou não de revisor. CPC, art. 397. Desprovimento. I. Resta caracterizada a captação de sufrágio prevista no art. 41-A da Lei nº 9.504/97 quando o candidato praticar, participar ou mesmo anuir explicitamente às condutas abusivas e ilícitas capituladas naquele artigo. II. Para a configuração do ilícito previsto no art. 22 da Lei Complementar nº 64/90, as condutas vedadas podem ter sido praticadas antes ou após o registro da candidatura. III. Quanto à aferição do ilícito previsto no art. 41-A, esta Corte já decidiu que o termo inicial é o pedido do registro da candidatura. IV. Em ação de investigação judicial, irrelevante para o deslinde da matéria se a entidade assistencial é mantida com recurso público ou privado, sendo necessário aferir se houve ou não o abuso. V. Na legislação eleitoral, há intervenção de revisor, essa intervenção é mais restrita e expressamente prevista, como, *verbi gratia*, quando se trata de recurso contra expedição de diploma, nos termos do art. 271, § 1º, do Código Eleitoral – a respeito, Recurso Eleitoral Especial nº 14.736-RJ, relator Ministro Eduardo Alckmin, *DJ* de 7.2.97. Relator: Sálvio de Figueiredo. Brasília-DF, 18 dez. 2001. *DJ* de 26.4.2002, v. 1, p.185.

Em outro julgado do Tribunal Superior Eleitoral, no mesmo sentido, o ministro Arnaldo Versiani Leite Soares, nos autos do Recurso Contra Expedição de Diploma nº 755, aduziu:

> [...] a atual jurisprudência do Tribunal não exige a prova da participação direta, ou mesmo indireta, do candidato, para fins de aplicação do art. 41-A da Lei das Eleições, bastando o consentimento, a anuência, o conhecimento ou mesmo a ciência dos fatos que resultaram na prática do ilícito eleitoral, elementos esses que devem ser aferidos diante do respectivo contexto fático. No caso, a anuência, ou ciência, da candidata a toda a significativa operação de compra de votos é fruto do envolvimento de pessoas com quem tinha forte ligação familiar, econômica e política.[20]

---

[20] TRIBUNAL SUPERIOR LEITORAL. Recurso Contra Expedição de Diploma nº 755. Ementa: 1. Caracteriza captação ilícita de sufrágio o depósito de quantia em dinheiro em contas-salário de inúmeros empregados de empresa de vigilância, quando desvinculado de qualquer prestação de serviços, seja para a própria empresa, que é administrada por cunhado da candidata, seja para campanha eleitoral. 2. A atual jurisprudência do Tribunal não exige a prova da participação direta, ou mesmo indireta, do candidato, para fins de aplicação do art. 41-A da Lei das Eleições, bastando o consentimento, a anuência, o conhecimento ou mesmo a ciência dos fatos que resultaram na prática do ilícito eleitoral, elementos esses que devem ser aferidos diante do respectivo contexto fático. No caso, a anuência, ou ciência, da candidata a toda a significativa operação de compra de votos é fruto do envolvimento de pessoas com quem tinha forte ligação familiar, econômica e política. 3. Na hipótese de abuso do poder econômico, o requisito da potencialidade deve ser apreciado em função da seriedade e da gravidade da conduta imputada, à vista das particularidades do caso, não devendo tal análise basear-se em eventual número de votos decorrentes do abuso, ou mesmo em diferença de votação, embora essa avaliação possa merecer criterioso exame em cada situação concreta. Recurso a que se dá provimento para cassar o diploma da recorrida. Arnaldo Versiani Leite Soares. Brasília-DF, 24 ago. 2010. *DJE* 28.9.10, p. 11 e 15.

Tem-se assim que o sujeito ativo é o candidato agindo diretamente ou por meio de terceiro, com sua anuência ou consentimento, tendo como elemento subjetivo a finalidade de obter o voto do eleitor, praticando os núcleos *doar, oferecer, prometer* ou *entregar* –, concedendo *bem* ou *vantagem pessoal* (inclusive emprego ou função pública) ao sujeito passivo, o eleitor.

Sujeito passivo na captação ilícita de sufrágio

O voto é a maneira como o eleitor materializa e expressa suas opções políticas. É forma de resposta utilizada pelo cidadão no que tange à aprovação ou reprovação de pessoas, condutas, partidos ou ideologias.

Ao negociar o voto, há de se supor que o eleitor dispõe de certa liberdade de opção, mas está disposto a aliená-lo em troca de bens ou vantagens materiais, imateriais, potenciais ou imediatas. Assim, concebe o voto como um possível meio para satisfação de carências e, por isso, opta por tratá-lo como objeto de negócio, tornando-se o sujeito passivo nessa negociata.

O voto pode ser alienado também em troca das vantagens imateriais potenciais ou diretas. Para Márlon Jacinto Reis, essas vantagens são:

> [...] aqueles benefícios não passíveis de mensuração econômica, mas que possuem valor suficiente para que se tornem atrativos, a exemplo, o oferecimento de títulos e honrarias solenes para o eleitor ou chefe partidário assediados.[21]

---

[21] REIS, Márlon Jacinto. **Uso eleitoral da máquina administrativa e captação ilícita de sufrágio**. Rio de Janeiro : FGV, 2006.

Desse modo, é bem possível afirmar que a expressão *compra de votos* encerra em si uma gama de significados que perpassam da retribuição antecipada a sinal de força.

É nesse cenário que se lança mão do disposto no art. 41-A, objeto deste estudo, de modo a expurgar da política brasileira condutas ilícitas e danosas ao processo democrático eleitoral, buscando tutelar a formação livre da vontade do eleitor.

Frise-se que a captação ilícita de sufrágio não exige a prova da influência no resultado da eleição, bastando a mera tentativa de corrupção da vontade de um único eleitor, ou seja, não é necessária aferição da potencialidade de o fato desequilibrar a disputa eleitoral, conforme se conclui do julgado do Tribunal Superior Eleitoral no Recurso Especial Eleitoral nº 21.248, que assim dispõe:

> [...] para a configuração do ilícito previsto no referido art. 41-A não é necessária a aferição da potencialidade de o fato desequilibrar a disputa eleitoral, porquanto a proibição de captação de sufrágio visa resguardar a livre vontade do eleitor, e não a normalidade e o equilíbrio do pleito, nos termos da pacífica jurisprudência desta Corte (Acórdão nº 3.510).[22]

---

[22] **TRIBUNAL SUPERIOR ELEITORAL. Recurso Especial Eleitoral nº 21.248**. Ementa: Recurso especial - Investigação judicial - Prefeito - Abuso do poder - Art. 22 da Lei Complementar nº 64/90. Não caracterização - Doação de telhas e pregos a eleitor - Captação vedada de sufrágio - Art. 41-A da Lei nº 9.504/97 - Configuração - Constitucionalidade - Cassação de diploma - Possibilidade. Gravações clandestinas - Prova ilícita - Provas dela decorrentes - Contaminação. Ausência de ofensa aos arts. 22 e 23 da Lei Complementar nº 64/90 e aos princípios constitucionais do devido processo legal, da ampla defesa e do contraditório, da proporcionalidade e da não admissão das provas ilícitas. Art. 5º, incisos LIV, LV e LVI, da Carta Magna. 1. Não há intempestividade do recurso

Repise-se que o sujeito passivo é o eleitor, conforme entendimento jurisprudencial majoritário, assinalando que, estando comprovada a prática de captação ilegal de sufrágio, não é imprescindível que sejam identificados os eleitores que receberam as vantagens oferecida pelos votos.

A propaganda captativa ilícita de votos

A propaganda captativa ilícita de votos é uma espécie criminosa e ilegal porque busca obter o voto do eleitor pela troca de bens, mercadorias, dinheiro e

---

especial se, em decorrência de circunstâncias excepcionais, o recorrente, expondo óbice judicial anterior para interposição do apelo, postulou nova vista dos autos para tal fim, o que foi deferido pelo presidente do Tribunal Regional Eleitoral. 2. Rejeitam-se os pedidos de conexão deste feito com ação de impugnação de mandato eletivo em curso perante o juiz eleitoral, na medida em que as ações são autônomas, possuem requisitos legais próprios e consequências distintas, o que não justifica a reunião dos processos ou o sobrestamento desse julgamento. Precedentes. 3. A diplomação não transita em julgado enquanto houver pendente de julgamento qualquer recurso que possa atingi-la. 4. Reconhecimento de captação ilícita de sufrágio praticada pelo prefeito, nos termos do art. 41-A da Lei nº 9.504/97, comprovada por meio de prova testemunhal considerada idônea, não pode ser infirmado sem reexame de todos os fatos e provas constantes dos autos, vedado nesta instância especial. 5. Reconhecimento da ilicitude de gravações obtidas de forma clandestina torna igualmente imprestáveis as provas delas decorrentes. Aplicação da teoria dos frutos da árvore envenenada. 6. A jurisprudência deste Tribunal Superior está consolidada quanto à constitucionalidade do art. 41-A da Lei das Eleições, que não estabelece hipótese de inelegibilidade e possibilita a imediata cassação de registro ou de diploma (Acórdãos 19.644 e 3.042). 7. Para a configuração do ilícito previsto no referido art. 41-A, não é necessária a aferição da potencialidade de o fato desequilibrar a disputa eleitoral, porquanto a proibição de captação de sufrágio visa resguardar a livre vontade do eleitor, e não a normalidade e o equilíbrio do pleito, nos termos da pacífica jurisprudência desta Corte (Acórdão nº 3.510). Relator: Fernando Neves. Brasília-DF, 3 junho 2003, *DJ*, v. 1, de 8.8.2003, p. 155.

outras promessas de ordem pessoal, subjetiva para o eleitor, como emprego, por exemplo.

A propaganda para angariar votos é aceita e usual no processo eleitoral brasileiro, no sentido de buscar o voto por meio de promessas de melhorias na educação, na saúde, no transporte público, na segurança pública, voltadas para toda a população. O que torna a propaganda criminosa é a mercantilização do voto em troca de produtos de uso pessoal ou vantagens.

As sanções impostas pelo art. 41-A da Lei das Eleições aos candidatos infratores compreendem as multas e a cassação do registro ou do diploma, além de outras penalidades.

A configuração da ilicitude há que ser analisada caso a caso. A captação ilícita de sufrágio é infração de natureza administrativa eleitoral que sujeita o infrator ao pagamento de sanção pecuniária e à cassação do registro ou diploma.

Participação direta e indireta do candidato

No latim, o adjetivo *candidus* significava "alvo", "brilhante". Em Roma, o cidadão que se apresentava para disputar um cargo público era chamado de *candidatus* porque envergava a toga cândida (literalmente, a "toga branca"), uma capa feita de tecido alvíssimo. Essa brancura tinha valor simbólico: indicava que a pessoa não tinha nenhuma mancha no seu caráter e que era merecedora do cargo pretendido. Na atualidade, portanto, *candidato* passou a designar qualquer pessoa que postule um cargo, uma vaga ou uma posição (Dicionário Aurélio).

Da mesma maneira que as palavras ganham novos significados e contornos ao longo do tempo, o modo de fazer uma eleição também evoluiu, apesar de persistirem as velhas máculas de ilicitude observadas desde a Velha República.

A candidatura tem por objetivo a conquista de votos. Para tanto, valem-se os candidatos de métodos e estratégias para difundir e ganhar adeptos a suas campanhas eleitorais, as quais são cuidadosamente pensadas, articuladas, direcionadas. Vai desde o cuidado com a aparência do candidato até sua maneira de falar, gesticular, postar-se perante os eleitores. Lança mão do uso dos meios de comunicação de massa (rádio, televisão, jornal, internet), da contratação remunerada de agentes eleitorais e realização de comícios, carreatas, passeatas, visando à abordagem direta ou indireta dos eleitores para obter votos.

Mesmo àqueles candidatos que concorrem aos cargos de vereadores em municípios pequenos se faz necessário ter uma estratégia de campanha mínima. É fundamental a divulgação de propostas, nomes, números e imagens, bem como dos partidos pelos quais disputam as vagas. Nesse contexto, o meio mais usual é a distribuição de "santinhos", a campanha do chamado "corpo a corpo", participações em eventos sociais, culturais, desportivos, entre outros. Assim, mesmo contando com parcos recursos, o candidato mobiliza um grupo de pessoas para trabalhar em prol de sua campanha, o que nos leva a refletir que uma campanha eleitoral é sempre uma obra coletiva, de grupo.

Nesse rumo, cinge afirmar que, ao lado do exercício dos direitos políticos, inerente ao candidato, nasce também o dever de responder pelas possíveis infrações que direta ou indiretamente venha a cometer.

Segundo o Tribunal Superior Eleitoral, para a caracterização da captação ilícita de sufrágio prevista no art. 41-A da Lei das Eleições, não é necessária a participação direta do candidato na compra de votos, basta que seja provado que ele se beneficiou do ato, haja dele participado de qualquer forma ou com ele tenha anuído. Todo ato praticado à margem da lei pelo candidato acarretará sanções penais ou administrativas aplicadas por meio da Justiça Eleitoral, a qual, para isso, vale-se do poder-dever do Estado.

No que tange ao art. 41-A (captação ilícita de sufrágio) da Lei das Eleições, as penalidades sofridas têm natureza administrativa e como tal não se exige a comprovação de responsabilidade pessoal direta, dolosa ou culposa – para a repressão do ato ilícito. Assim, infere-se que o candidato é pessoalmente responsável pelos atos que seus subordinados venham a praticar para angariar votos em seu proveito, sendo responsabilizado por culpa *in vigilando* ou *in eligendo*, porque não soube eleger sua equipe, tampouco cuidou de vigiar os atos de seus colaboradores.

A jurisprudência do Tribunal Superior Eleitoral evoluiu no sentido de considerar desnecessária a intervenção pessoal e direta do candidato na prática da "compra de votos" para a aplicação das penalidades previstas na legislação eleitoral, posição que pode ser constatada no Agravo Regimental em Recurso Especial Eleitoral n° 21.792, de relatoria do ministro Caputo Bastos, onde se aduz que:

> [...] para a caracterização da infração ao art. 41-A da Lei das Eleições, é desnecessário que o ato de compra de votos tenha sido praticado diretamente pelo candidato, mostrando-se suficiente que, evidenciado o benefício, haja participado de qualquer forma ou com ele consentido. Nesse sentido: Acórdão n° 21.264.[23]

Da leitura, infere-se que, se o resultado da prática ilícita beneficiou o candidato, é indiferente ter ele cometido o ato pessoalmente, ou com auxílio de terceiros, ou apenas tê-lo consentido, para ser respon-

---

[23] TRIBUNAL SUPERIOR ELEITORAL. Agravo Regimental em Recurso Especial Eleitoral n° 21.792. Ementa: Eleições 2000. Investigação Judicial. Art. 41-A da Lei n° 9.504/97. Decisão regional. Improcedência. Captação ilícita de sufrágio. Condenação. Necessidade. Reexame de fatos e provas. Impossibilidade. Súmula-STF n° 279. Ilícito eleitoral. Desnecessidade. Participação direta. Candidato. Possibilidade. Anuência. Conduta. Terceiro. 1. Embora o recurso especial se refira às eleições municipais de 2000, é certo que persiste o interesse de agir da agremiação representante, porquanto, mesmo que não seja mais possível a imposição da cassação do registro ou do diploma, há a possibilidade da aplicação da multa prevista no art. 41-A da Lei n° 9.504/97. 2. Para se infirmar a conclusão da Corte Regional Eleitoral que assentou a ausência de comprovação da captação ilícita de sufrágio, é necessário o reexame de fatos e provas, o que não é possível em sede de recurso especial, a teor do disposto na Súmula-STF n° 279. 3. Para a caracterização da infração ao art. 41-A da Lei das Eleições, é desnecessário que o ato de compra de votos tenha sido praticado diretamente pelo candidato, mostrando-se suficiente que, evidenciado o benefício, haja participado de qualquer forma ou com ele consentido. Nesse sentido: Acórdão n° 21.264. Agravo regimental a que se nega provimento. Relator: Caputo Bastos. Brasília-DF, 15 set. 05. *DJ* de 21.10.05, p. 99.

sabilizado e responder pessoalmente pelas penalidades contidas no art. 41-A da Lei das Eleições.

Execução imediata do art. 41-A

Ao praticar a captação ilícita de sufrágio, o candidato poderá sofrer as sanções previstas no art. 41-A, ou seja, multa de mil a 50 mil Ufirs e cassação do registro ou do diploma. Quando a pena aplicada for a de cassação do registro ou do diploma, a execução é imediata, o que significa dizer que não se espera o trânsito em julgado da decisão para que se dê cumprimento à sentença – porque o Tribunal Superior Eleitoral entende que não é caso de inelegibilidade, mas de perda da condição de candidato, o que afasta a incidência do art. 15 da Lei Complementar nº 64/90.

Em dissonância com o entendimento do Tribunal Superior Eleitoral, Adriano Soares da Costa faz críticas incisivas a essa linha de análise, asseverando que:

> [...] a captação de sufrágio gera o cancelamento do registro de candidatura, expurgando o candidato da eleição, através da ação de investigação judicial eleitoral. Mais do que isso: por não ser tratada como sanção de inelegibilidade – como seria próprio –, a decisão que cancelar o registro de candidatura não sofre a incidência do art. 15 da Lei Complementar 64/90, sendo logo executada. Mais ainda: à captação de sufrágio basta o provar que houve a promessa de vantagem pessoal com a finalidade de obtenção do voto, sem necessidade de

demonstrar a relação de causalidade entre o delito e o resultado das eleições.[24]

Na contramão das críticas feitas pelos estudiosos do tema, o Tribunal Superior Eleitoral já pontificou o entendimento de que os julgados proferidos com base na Lei 9.504/97 são dotados de executividade imediata, conforme se denota do Agravo Regimental em Ação Cautelar nº 3.307, do seguinte teor:

> [...] a execução de decisão de cassação de registro e diploma por infração à Lei nº 9.504/97 é imediata, conforme pacífica jurisprudência do Tribunal, ressalvada a possibilidade de concessão de medida cautelar, a critério do julgador, em face de eventual recurso.[25]

Essa posição pode ser verificada também no acórdão de 4 de abril de 2006, no Recurso Especial

---

[24] COSTA, Adriano Soares da. **Captação de sufrágio e inelegibilidade**: análise crítica do art. 41-A da Lei 9.504/97. Disponível em <http://www.paranaeleitoral.gov.br/artigo_impresso.php?cod_texto=6>. Acesso em 28 de setembro de 2010.

[25] TRIBUNAL SUPERIOR ELEITORAL. **Agravo Regimental em Ação Cautelar nº 3.307**. Ementa: Agravo regimental. Representação. Art. 41-A da Lei das Eleições. Vereador. 1. Em juízo cautelar, para afastar a conclusão das instâncias ordinárias, que entenderam comprovada a prática de captação ilícita de sufrágio, seria necessário o reexame de fatos e provas, o que é vedado nesta instância especial, a teor da Súmula nº 279 do egrégio Supremo Tribunal Federal. 2. A execução de decisão de cassação de registro e diploma por infração à Lei nº 9.504/97 é imediata, conforme pacífica jurisprudência do Tribunal, ressalvada a possibilidade de concessão de medida cautelar, a critério do julgador, em face de eventual recurso. 3. Tratando-se de condenação por captação ilícita de sufrágio, não há que se falar em exigência de trânsito em julgado ou incidência do art. 15 da Lei Complementar nº 64/90. Agravo regimental desprovido. Relator: Arnaldo Versiani. Brasília, DF, 6 out. 2009. *DJE* de 27.10.09, p. 19.

Eleitoral nº 25.902, de relatoria do ministro Gerardi Grossi, no qual se aduz que:

> [...] é imediata a execução do julgado que decide pela ocorrência de captação ilícita de votos, ainda que tal ocorra após a proclamação ou a diplomação dos eleitos.[26]

Cabe lembrar que no *caput* do art. 257 do Código Eleitoral[27] está inserido que os recursos eleitorais não terão efeito suspensivo. Por sua vez, o parágrafo único do mesmo artigo colaciona que a execução de qualquer acórdão será feita imediatamente, mediante comunicação por ofício, telegrama, ou, em casos especiais, a critério do presidente do Tribunal, por meio de cópia do acórdão. Comportam exceção à regra alguns casos previstos em lei, tais como: a decisão proferida em recurso contra a expedição de diploma, nos termos do art. 216 do Código Eleitoral,[28] as sentenças condenatórias pela prática de crimes eleitorais, e a sentença que

---

[26] TRIBUNAL SUPERIOR ELEITORAL. Recurso Especial Eleitoral nº 25.902. Ementa: Eleição 2004. Recursos especiais. Captação ilícita de sufrágio. Julgamento *ultra petita*. Perda do diploma. Previsão legal. Cerceamento de defesa não configurado. Constitucionalidade do art. 41-A da Lei nº 9.504/97. Ausência de efeito suspensivo (art. 257 do Código Eleitoral). Execução imediata. Recurso especial interposto por Rômulo César Moura Peixoto conhecido, mas negado provimento. Recurso especial interposto pela Coligação Frente Unidos por Primavera conhecido e provido para determinar a execução imediata da decisão Regional. Relator: José Gerardo Grossi. Brasília, DF, 4 abr. 04. DJ de 28.4.04, p. 140.

[27] BRASIL. **Lei nº 4.737, de 15 de julho de 1965**. Institui o Código Eleitoral. *DOU* de 17 de julho de 1965.

[28] BRASIL. **Lei nº 4.737, de 15 de julho de 1965**. Institui o Código Eleitoral. *DOU* de 17 de julho de 1965.

imponha sanção de inelegibilidade, conforme exposto no art. 15 da Lei Complementar nº 64/90.[29]

No entanto, esse entendimento não é totalmente fechado, visto que o juiz eleitoral poderá conceder o efeito suspensivo a recurso dele destituído, pela via da ação cautelar,[30] condicionado ao atendimento do pressuposto da plausibilidade da tese jurídica defendida nas razões do recurso já interposto e que demonstre a efetiva possibilidade do seu provimento nos aspectos formais e materiais.

Deduz-se, portanto, que, na hipótese de reconhecimento da captação ilícita de sufrágio, a decisão judicial surte seus efeitos imediatamente, quer pela cassação de registro ou do diploma, desde que o recurso manejado não seja dotado de efeito suspensivo ou, a critério do julgador, seja a ele concedido tal efeito.

---

[29] BRASIL. **Lei Complementar nº 64, de 18 de maio de 1990**. Estabelece, de acordo com o art. 14, § 9º, da Constituição Federal, casos de inelegibilidade, prazos de cessação, e determina outras providências. *DOU* de 21 de maio de 1990.

[30] "[...]. 1. A concessão de efeito suspensivo por meio de cautelar, cuja decisão, em exame perfunctório, reconhece novo enquadramento jurídico dos fatos sem extrapolar a moldura constante do v. acórdão *a quo*, para fins de exame do *fumus boni iuris* – probabilidade de êxito do recurso especial eleitoral – não encontra óbice no Enunciado nº 7 da Súmula do c. STJ. 2. Cabível o deferimento de ação cautelar para dar efeito suspensivo a recurso especial eleitoral ante a probabilidade de êxito do citado recurso e o perigo de dano irreparável consistente na supressão de mandato eletivo. [...]." (Ac. de 26.8.2008 no AgR-AC nº 2.533, rel. Min. Felix Fischer.)

Capítulo II

O Ativismo Judicial do TSE e o art. 41-A da Lei das Eleições

Antes da entrada em vigor do art. 41-A no ordenamento jurídico, a fim de coibir prática de captação ilícita de sufrágio, a norma existente para conter a corrupção eleitoral era o art. 299 do Código Eleitoral, mas lhe faltava eficácia, tendo em vista que esse crime corre pelo rito especial.

O moralizador art. 41-A tem tempo mais célere, pois a ação de investigação judicial eleitoral (AIJE) mostra-se mais eficiente quanto a isso, além de a sentença ter execução imediata, o que dá a eficácia desejada pelo legislador ao referido artigo.

Punição na esfera criminal – art. 299 do Código Eleitoral

O crime inserto no art. 299 do Código Eleitoral ficou conhecido como crime de corrupção eleitoral, que tem como sujeito ativo qualquer pessoa, inclusive quem não é candidato, desde que a finalidade de dar, oferecer, prometer dinheiro, dádiva ou qualquer outra vantagem esteja vinculada à obtenção de votos. Por outro lado, o sujeito passivo é o eleitor, que solicita ou recebe, para si ou para outrem, essas dádivas ou vantagens. Ambos estão sujeitos a pena de reclusão de até quatro anos e pagamento de 5 a 15 dias-multa, nos termos do art. 299 do Código Eleitoral:

> Art. 299. Dar, oferecer, prometer, solicitar ou receber, para si ou para outrem, dinheiro, dádiva, ou qualquer outra vantagem, para obter ou dar voto e para conseguir ou prometer abstenção, ainda que a oferta não seja aceita: Pena - reclusão até quatro anos e pagamento de cinco a quinze dias-multa.[31]

Suzana de Camargo Gomes ensina que "a norma penal visa resguardar a liberdade de sufrágio, a emissão do voto legítimo, sem estar afetado por qualquer influência menos airosa". Nesse sentido, acrescenta também que, com o advento da Lei 9.840, de 28 de setembro de 1999, se o candidato for o sujeito ativo da conduta de "doar, oferecer, prometer, ou entregar, ao eleitor, com o fim de obter-lhe o voto, bem ou vantagem pessoal de qualquer natureza, inclusive emprego ou função pública, desde o registro da candidatura até o dia da eleição, inclusive, ficará sujeito a pena de mil a cinquenta mil Ufirs, e cassação do registro ou do diploma, observado o procedimento previsto no art. 22 da Lei Complementar nº 64, de 18 de maio de 1990."[32]

---

[31] BRASIL. **Lei n.º 4.737, de 15 de julho de 1965**. Institui o Código Eleitoral. *DOU* de 17 de julho de 1965.
[32] GOMES, Suzana de Camargo. **Crimes eleitorais**. 4. ed. São Paulo : Revista dos Tribunais, 2010.

É oportuno lembrar que o art. 299 do Código Eleitoral não foi alterado pelo art. 41-A da Lei nº 9.504/97, e não implicou a abolição do crime de corrupção eleitoral acima descrito. Nesse sentido, o acórdão de 27 de novembro de 2007, no Agravo nº 6.553, colaciona:

> Ação Penal. Corrupção Eleitoral (art. 299 do Código Eleitoral). Admissibilidade. Representação por captação ilícita de sufrágio. Improcedência. Trânsito em julgado. Irrelevância. Agravo regimental improvido.
>
> A absolvição na representação por captação ilícita de sufrágio, na esfera cível-eleitoral, ainda que acobertada pelo manto da coisa julgada, não obsta a *persecutio criminis* pela prática do tipo penal descrito no art. 299 do Código Eleitoral.[33]

Essa tese é reforçada por Suzana de Camargo Gomes em sua obra *Crimes Eleitorais* (Revista dos Tribunais, p. 197), onde assevera que:

> [...] Na verdade, esse dispositivo em nada alterou a disciplina penal pertinente ao crime de corrupção eleitoral, que continua incólume, pelo que incide, no delito tipificado no art. 299 do Código Eleitoral, tanto o candidato como qualquer outra

---

[33] TRIBUNAL SUPERIOR ELEITORAL. **Agravo Regimental no Agravo de Instrumento nº 6.553**. Ementa: Ação Penal. Corrupção Eleitoral (art. 299 do Código Eleitoral). Admissibilidade. Representação por captação ilícita de sufrágio. Improcedência. Trânsito em julgado. Irrelevância. Agravo regimental improvido. A absolvição na representação por captação ilícita de sufrágio, na esfera cível-eleitoral, ainda que acobertada pelo manto da coisa julgada, não obsta a *persecutio criminis* pela prática do tipo penal descrito no art. 299 do Código Eleitoral. Relator: Antonio Cezar Peluso. Brasília-DF, 12 dez 07. *DJ* de 12.12.10, p. 191/192.

pessoa que realize as figuras típicas ali descritas. A mudança está em que, sendo o autor da infração um candidato, além de responder criminalmente, nos termos do art. 299 do Código Eleitoral, submete-se, também, às penas previstas no art. 41-A da Lei n° 9.504/97, com redação dada pela Lei 9.840/99, sendo que o procedimento para a apuração é o previsto na Lei Complementar n° 64, de 18 de maio de 1990, em seu art. 22, denominado de investigação judicial. De sorte que, pela captação ilícita de sufrágio, responderá em processo próprio, separado, sem prejuízo de responder, na esfera criminal eleitoral, pelo delito de corrupção eleitoral, na ação penal a ser desencadeada em razão da mesma conduta.[34]

Em apertada síntese, o candidato que praticar tais ilicitudes, além de responder na esfera civil, poderá também responder criminalmente. Um dispositivo não descaracteriza o outro, não inviabiliza a punição prevista. Assim, quem incorre na prática do art. 299 do Código Eleitoral responde na esfera criminal com pena de reclusão de até quatro anos e pagamento de 5 a 15 dias-multa. Na outra vertente, aquele que pratica a captação ilícita de sufrágio prevista no art. 41-A da Lei das Eleições responde civilmente, submetendo-se a pena de multa de mil a cinquenta mil Ufirs e cassação do registro ou do diploma. Àquela, pelo rito especial; a esta, por meio da representação na ação de investigação judicial eleitoral (AIJE) prevista no art. 22 da Lei Complementar n° 64/90.

---

[34] GOMES, Suzana de Camargo. **Crimes eleitorais**. 4. ed. São Paulo : Revista dos Tribunais, 2010.

Repise-se que, para que ocorra o delito previsto no art. 299 do Código Eleitoral, assegura Suzana Gomes:[35]

> [...] precisa o benefício ser concreto, individualizado, direcionado a uma ou mais pessoas determinadas, não configurando o delito promessas genéricas de campanha, ocorridas em comício ou mesmo através da televisão, quando não resulta evidenciado nem mesmo o compromisso da entrega da vantagem, tendo como contraprestação o voto ou a abstenção. O caráter negocial é indispensável para a caracterização do delito, ou seja, a vantagem, a promessa, o benefício deve visar à obtenção do voto.

Existe identidade entre a captação ilícita de sufrágio e o crime de corrupção eleitoral, pois ambos procuram coibir a prática da compra de votos. A representação prevista no art. 41-A da Lei n.º 9.504/97 comunga de parte da objetividade jurídica do art. 299 do Código Eleitoral: ambos objetivam resguardar a liberdade de voto do eleitor que esteja ameaçada pela intervenção do poder econômico. Segundo leciona Francisco de Assis Vieira Sanseverino:[36]

> Essa identidade não é absoluta tendo em vista: a) o art. 41-A traz sanções cíveis e eleitorais, como multa, cassação do registro ou do mandato, ao passo que o art. 299 traz pena privativa de liberdade e multa; b) o art. 41-A apenas sanciona a compra de votos e não a "ven-

---

[35] GOMES, Suzana de Camargo. Id. Ibidem. p. 198.
[36] SANSEVERINO, Francisco de Assis Vieira. **Compra de votos**: análise à luz dos princípios democráticos. Porto Alegre: Verbo Jurídico, 2007. p. 258.

da"; c) por se tratar de crime, o art. 299 exige o grau de certeza inerente ao princípio da culpabilidade e à presunção de inocência; d) os prazos para a propositura destas duas ações e, eventualmente, até a competência para conhecê-las, é diferente.

O art. 41-A da Lei 9.504/97 à luz da interpretação da Corte Eleitoral

As instituições fazem parte de sociedades politicamente organizadas que, dentre outras finalidades, têm a de fazer cumprir as normas. Nesse eito, tem o Poder Judiciário a função de dizer o direito, precisar a norma para o caso concreto, descobrir o sentido da norma legal, "aplicar a norma sob o prisma axiológico[37] da sociedade", nas palavras de Marcos Souto Maior Filho,[38] que também assegura:

> De fato, o Judiciário, através da interpretação, não só vai precisando e atualizando o conteúdo das normas, como também assumindo os questionamentos e contribuições da doutrina, incorporando ao ordenamento jurídico toda a dinâmica da sociedade e a formulação teórica da correlação entre o ordenamento jurídico e a sociedade.[39]

---

[37] Axiológico: que constitui ou diz respeito a um valor, segundo o *Dicionário Eletrônico Houaiss de Língua Portuguesa*.

[38] FILHO, Marcos Souto Maior. **Direito eleitoral**: lei da compra de votos e a reforma eleitoral. Contexto constitucional e aspectos práticos. Curitiba : Juruá, 2011. p. 78.

[39] Id. Ibid.

Com a entrada em vigor do art. 41-A da Lei 9.504/97, o Tribunal Superior Eleitoral, no seu papel institucional, passou a aplicá-lo ao caso concreto, de forma, inicialmente, mais literal e, posteriormente, adotando uma postura ativista frente aos desafios impostos pela própria "previsão do instituto, que não foi completa, dando largo espaço a todo tipo de teoria e interpretação que contivesse o mínimo de sentido".[40] Na doutrina processualista contemporânea, o ativismo judicial, nas palavras de Luiz Guilherme Marinoni, é assim definido:

> Se a lei passa a se subordinar aos princípios constitucionais de justiça e aos direitos fundamentais, a tarefa da doutrina deixa de ser a de simplesmente descrever a lei. Cabe agora ao jurista, seja qual for a área da sua especialidade, em primeiro lugar compreender a lei à luz dos princípios constitucionais e dos direitos fundamentais.[41]

Para resolver certas impropriedades desse dispositivo legal, o Tribunal Superior Eleitoral tem alargado o entendimento em relação às lacunas apresentadas, agindo como "criador do direito, considerando a norma jurídica como norma em sentido pleno ao lado da jurisprudência", segundo Souto Maior,[42] além de lhe

---

[40] PETRACIOLI, Rafael da Silveira. **A minirreforma eleitoral e o ativismo judicial do Tribunal Superior Eleitoral**. Jus Navigandi, Teresina, ano 14, n. 2291, 9/10/2009. Disponível em: <http://jus.uol.com.br/revista/texto/13654>. Acesso em: 12 março de 2011.
[41] MARINONI, Luiz Guilherme; MITIDIERO, Daniel. **Teoria geral do processo**. 3. ed. São Paulo: RT, 2008.
[42] FILHO, Marcos Souto Maior. **Direito eleitoral**: lei da compra de

dar efetividade, comprovada nas várias decisões exaradas, como a exemplo dos polêmicos temas: sujeito ativo, potencialidade e nexo de causalidade, abstenção, termo inicial da incidência do art. 41-A, execução imediata, prescindibilidade do pedido expresso do voto, desnecessidade da identificação do eleitor beneficiário da conduta ilícita.

Sujeito ativo na captação ilícita de sufrágio

A responsabilidade subjetiva na captação ilícita de sufrágio é do candidato destinatário da captação, que responde pela infração eleitoral se praticar pessoalmente algumas das condutas previstas no art. 41-A (doar, oferecer, prometer ou entregar).

Entretanto, a jurisprudência unânime do Tribunal Superior Eleitoral demonstrou que, para a caracterização da infração do art. 41-A da Lei das Eleições, é desnecessário que o ato de compra de votos tenha sido praticado diretamente pelo candidato, mostrando-se suficiente que, evidenciado o benefício, haja participado de qualquer forma ou com ele consentido. Essa caracterização deverá ser demonstrada mediante prova robusta de que o beneficiário praticou (ou anuiu com prática de) condutas vedadas.

Nas inaugurais decisões após a entrada em vigor do art. 41-A da Lei das Eleições. A Corte Eleitoral posicionou-se no sentido de que era apenas o candidato

---

votos e a reforma eleitoral. Contexto constitucional e aspectos práticos. Curitiba : Juruá, 2011. p. 79.

o sujeito ativo da conduta ilícita ali descrita, conforme análise do Acórdão nº 1000, de 26 de junho de 2001, a seguir:

> O Tribunal firmou jurisprudência de que o crime de corrupção eleitoral só é imputável ao autor da ação, e não ao beneficiário dela. Tenho que o mesmo entendimento, em princípio, deve ser estendido ao art. 41-A. Destarte, para a tipificação da conduta, imprescindível que o candidato seja o autor da ação e não apenas o seu beneficiário.[43]

Esse posicionamento sofreu alterações ao longo desta década. A jurisprudência atual se solidifica no sentido de que é desnecessário que o ato de compra de votos tenha sido praticado diretamente pelo candidato (responsabilidade subjetiva), mostrando-se suficiente que, evidenciado o benefício, haja participado de qualquer forma ou com ele consentido (responsabilidade objetiva). Nesse sentido, o Acórdão nº 19.566, de 18 de dezembro de 2001:

> Resta caracterizada a captação de sufrágio prevista no art. 41-A da Lei nº 9.504/97 quando o candidato praticar, participar ou mesmo anuir explicitamente às condutas abusivas e ilícitas capituladas naquele artigo.[44]

---

[43] TRIBUNAL SUPERIOR ELEITORAL. **Agravo Regimental em Medida Cautelar nº 1000**. Ementa: Cautelar. Efeito suspensivo. Recurso especial. Art. 22 da Lei Complementar nº 64/90. Art. 41-A da Lei nº 9.504/97. Cassação de registro ou diploma. Candidato autor da captação de sufrágio. Similitude com o art. 299, CE. Presentes os pressupostos. Liminar mantida. Comportamento da parte. Agravo desprovido. Relator: Ministro Sálvio de Figueiredo Teixeira. Brasília-DF, 26 jun. 01. *Diário de Justiça*, v. 1, de 7.12.01, p. 9.

[44] TRIBUNAL SUPERIOR ELEITORAL – **Recurso Especial Eleitoral nº**

Para reforçar esse entendimento majoritário do Tribunal Superior Eleitoral, vejamos o julgado de 17 de outubro de 2002, que resultou no Acórdão n° 1.229, sendo relator designado o ministro Sálvio de Figueiredo:

> Caracteriza-se a captação de sufrágio prevista no art. 41-A da Lei n° 9.504/97 quando o candidato pratica as condutas abusivas e ilícitas ali capituladas, ou delas participa, ou a elas anui explicitamente.[45]

19.566. Ementa: Inelegibilidade. Arts. 22 da Lei Complementar n° 64/90 e 41-A da Lei N° 9.504/97. Caracterização. Cassação de diplomas. Prova. Enunciados Sumulares do STF e STJ. Imprescindibilidade ou não de revisor. CPC, art. 397. Desprovimento. I. Resta caracterizada a captação de sufrágio prevista no art. 41-A da Lei n° 9.504/97, quando o candidato praticar, participar ou mesmo anuir explicitamente às condutas abusivas e ilícitas capituladas naquele artigo. II. Para a configuração do ilícito previsto no art. 22 da Lei Complementar n° 64/90, as condutas vedadas podem ter sido praticadas antes ou após o registro da candidatura. III. Quanto à aferição do ilícito previsto no art. 41-A, esta Corte já decidiu que o termo inicial é o pedido do registro da candidatura. IV. Em ação de investigação judicial, irrelevante para o deslinde da matéria se a entidade assistencial é mantida com recurso público ou privado, sendo necessário aferir se houve ou não o abuso. V. Na legislação eleitoral, há intervenção de revisor, essa intervenção é mais restrita e expressamente prevista, como, *verbi gratia*, quando se trata de recurso contra expedição de diploma, nos termos do art. 271, § 1°, do Código Eleitoral – a respeito, REspe n° 14.736-RJ, Relator Ministro Eduardo Alckmin, *DJ* de 7.2.97.18/12/2001, Relator: Ministro Sálvio de Figueiredo Teixeira. Brasília-DF, 18 dez 01. *DJ*, v. 1, de 26.4.02, p. 185.

[45] TRIBUNAL SUPERIOR ELEITORAL. **Agravo Regimental em Medida Cautelar n° 1.229**. Ementa: Medida cautelar. Liminar concedida. Agravo interno. Art. 41-A da Lei n° 9.504/97. Autoria. Precedente. Provimento do apelo. Cassada a liminar. Indeferida a cautelar. Caracteriza-se a captação de sufrágio prevista no art. 41-A da Lei n° 9.504/97 quando o candidato pratica as condutas abusivas e ilícitas ali capituladas, ou delas participa, ou a elas anui explicitamente. Decisão – O Tribunal, por maioria, deu provimento ao agravo regimental, indeferindo a liminar e a cautelar, nos termos do voto do Ministro Sálvio de Figueiredo, que redigirá o acórdão. Vencida a Ministra Relatora. Relatora: Ministra Ellen Gracie Northfleet, Relator designado: Ministro Sálvio de Figueiredo Teixeira. Brasília-DF, 17 out. 02. DJ, v. 1, de 7.3.03, p. 111.

Conclui-se que, o candidato que direta ou indiretamente praticar a conduta prevista no art. 41-A, com o fim de obter o voto, incide nas sanções cominadas. Caso não haja provas da participação do candidato, não há como responsabilizá-lo. Nesse sentido, entende Francisco de Assis Vieira Sanseverino.[46]

Compra da abstenção do voto

Embora o art.41-A mencione apenas que a finalidade do sujeito ativo é de obter o voto do eleitor, a jurisprudência do Tribunal Superior Eleitoral cristalizou, por analogia ao art. 299 do Código Eleitoral, que o ato da "compra da abstenção" do voto do eleitor (para que ele deixe de votar) pode incorrer também em desobediência ao art. 41-A da Lei das Eleições e sofrer as punições ali especificadas.

No Agravo Regimental em Medida Cautelar nº 1.850, de 3 de agosto de 2006, o ministro relator, José Gerardo Grossi, fez considerações acerca da possibilidade jurídica, por analogia, de estender a interpretação e o alcance do art. 299 do Código Eleitoral à lacuna presente no art. 41-A quanto à compra da abstenção do voto do eleitor, conforme o exposto abaixo:

> Tenho que, se a conduta imputada aos autores da cautelar está tipificada no art. 299 do CE, no qual "o obter ou dar voto" e "conseguir ou prometer abstenção" são

---

[46] SANSEVERINO, Francisco de Assis Vieira. **Compra de votos**: análise à luz dos princípios democráticos. Porto Alegre : Verbo Jurídico, 2007. p. 269.

fins equiparados, que ocorrem da ação de dar, oferecer, prometer, solicitar ou receber, para si ou para outrem, dinheiro, dádiva ou qualquer outra vantagem, é lícito ao interprete do art. 41-A da Lei nº 9.504/97, por analogia, entender que ali, se cogita, também, da dádiva de dinheiro em troca da abstenção.[47]

Nesse mesmo sentido, quando da decisão do Recurso Especial Eleitoral nº 26.118, a reiteração da tese de que cabe, por analogia, o entendimento de que se pode tipificar como captação ilícita de sufrágio o ato de "comprar" a abstenção do voto do eleitor, reafirma a postura ativista da Corte Superior Eleitoral que, por meio da jurisprudência, num movimento elástico, cria uma nova possibilidade de interpretação do art. 41-A, nos termos insertos no Acórdão nº 26.118, a saber:

> Se a conduta imputada está tipificada no art. 299 do CE, no qual "obter ou dar voto" e "conseguir ou prometer abstenção" são fins equiparados, que decorrem da ação de "dar, oferecer, prometer, solicitar ou receber, para si ou para outrem, dinheiro, dádiva, ou qualquer outra vantagem", é lícito ao intérprete do art. 41-A da Lei nº 9.504/97, por analogia, entender que ali,

---

[47] TRIBUNAL SUPERIOR ELEITORAL. **Agravo Regimental em Medida Cautelar nº 1.850.** Ementa: Medida cautelar. Pedido liminar. Antecipação dos efeitos do provimento do recurso especial, para assegurar aos requerentes o regular exercício de seus mandatos. Indeferimento. Agravo regimental. Prevenção. 1. A aplicação do art. 260 do Código Eleitoral, para efeito de prevenção, tem em conta o primeiro processo em que se discute a eleição, daí porque o Estado fica prevento ao relator daquele processo, e não pelo tipo de processo. 2. Argumentos utilizados pelos agravantes não são suficientes para modificar a decisão agravada 3. Agravo regimental conhecido, mas desprovido. Relator: Ministro José Gerardo Grossi. Brasília-DF, 3 ago. 06. *DJ* de 28.8.06, p. 101.

se cogita, também, da dádiva de dinheiro em troca de abstenção".[48]

Termo inicial da incidência do art. 41-A

Ao se examinar a questão do limite de tempo para a incidência do art. 41-A, tem-se, segundo o disposto no descritivo do artigo, que este se inicia "desde o registro da candidatura até o dia da eleição, inclusive".

---

[48] TRIBUNAL SUPERIOR ELEITORAL. **Recurso Especial Eleitoral n° 26.118.** Ementa: Representação. TRE. Reforma. Sentença monocrática. Cassação de diplomas. Multa. Prefeito e Vice-Prefeito. Art. 41-A da Lei n° 9.504/97. Renovação eleições. Art. 224 do CE. Alegações. Inobservância. Prazo. Cinco dias. Ajuizamento. Representação. Captação ilícita de sufrágio. Inaplicabilidade. Exclusividade. Prazo processual. Condutas vedadas. Art. 73 da Lei n° 9.504/97. Litispendência. Representação e RCED. Inocorrência. Impossibilidade. Aferição. Potencialidade. Captação de votos. Ausência. Dissídio Jurisprudencial. Conduta ilícita. Doação. Dinheiro. Objetivo. Abstenção. Exercício. Voto. Comportamento. Subsunção. Art. 41-A da Lei n° 9.504/97. Previsão. Conduta. Art. 299 do Código Eleitoral. Aplicação. Analogia. 1 - A representação prevista na Lei n° 9.504/97, a ação de impugnação de mandato eletivo, a ação de investigação judicial eleitoral e o recurso contra expedição de diploma são autônomos, possuem requisitos legais próprios e consequências distintas. 2 - Está pacificado nesta Corte que não se aplica o prazo de 5 (cinco) dias para ajuizamento de representações nas hipóteses de captação ilícita de sufrágio, restringindo-se tal prazo às representações por condutas vedadas (art. 73 da Lei n° 9.504/97). 3 - É incabível aferir a potencialidade lesiva em se tratando da prática de captação ilícita de sufrágio. 4 - Se a conduta imputada está tipificada no art. 299 do CE, no qual "obter ou dar voto" e "conseguir ou prometer abstenção" são fins equiparados, que decorrem da ação de "dar, oferecer, prometer, solicitar ou receber, para si ou para outrem, dinheiro, dádiva, ou qualquer outra vantagem", é lícito ao intérprete do art. 41-A da Lei n° 9.504/97, por analogia, entender que ali, se cogita, também, da dádiva de dinheiro em troca de abstenção. 5 - O prequestionamento exige que os temas postos no recurso especial tenham sido objeto de debate e deliberação prévios pelo Tribunal Regional. 6 - Dissídio jurisprudencial não comprovado ante a ausência de similitude fática entre os paradigmas indicados e a decisão recorrida. 7 - Recurso Especial desprovido. Relator: Ministro José Gerardo Grossi. Brasília, 1° mar. 07. *DJ* de 28.3.07, p. 115.

Há previsão expressa no art. 8º da Lei 9.504/97 de que a escolha dos candidatos e a deliberação sobre coligações deverão ser feitas no período de 10 a 30 de junho do ano da eleição, seguido do pedido do registro, que é encaminhado até 5 de julho. Pela interpretação literal do art. 41-A, se o fato é praticado antes do pedido de registro, não se configura a infração ali explicitada, ainda que escolhidos em convenção e não encaminhado o pedido de registro.

Por sua vez, há entendimentos de que a expressão "desde o registro da candidatura" induziria a pensar que o termo inicial para a incidência do mencionado artigo seria a partir do deferimento do registro, quando o sujeito ativo é, de fato, candidato. Nos ensinamentos de Sanseverino: "não parece razoável admitir a interpretação que situe o termo inicial para a configuração da hipótese do art. 41-A na data do deferimento do registro". Para esse autor, se "adotada aquela interpretação do termo inicial desde o deferimento, enquanto este não ocorresse, não seria cabível o enquadramento de eventual conduta do candidato no art. 41-A da Lei 9.504/97". Nesse sentido, os Acórdãos nº 19.229 e 19.566, que aduzem, respectivamente:

> O termo inicial do período de incidência da regra do art. 41-A da Lei n.º 9.504, de 1997, é a data em que o registro da candidatura é requerido, e não a do seu deferimento.[49]

---

[49] TRIBUNAL SUPERIOR ELEITORAL. **Recurso Especial Eleitoral nº 19.229**. Ementa: Representação pela prática da conduta vedada pelo art. 41-A da Lei n.º 9.504, de 1997. Cassação de registro. Termo inicial do interregno previsto na norma indicada. Finalidade

Quanto à aferição do ilícito previsto no art. 41-A, esta Corte já decidiu que o termo inicial é o pedido do registro da candidatura.⁵⁰

Destarte, como se observa nas repetidas decisões da superior corte eleitoral, solidificou-se a jurisprudência de que o termo inicial para incidência da regra do art. 41-A, Lei das Eleições, é a data em que o registro de candidatura é requerido. E, em assim sendo, a aplicação da norma ocorre no maior tempo possível (desde a data do registro até o dia da eleição, inclusive)

---

eleitoral necessária para caracterização da conduta punível. 1. O termo inicial do período de incidência da regra do art. 41-A da Lei n.º 9.504, de 1997, é a data em que o registro da candidatura é requerido, e não a do seu deferimento. 2. Para a caracterização de conduta descrita no artigo 41-A da Lei n.º 9.504, de 1997, é imprescindível a demonstração de que ela foi praticada com o fim de obter o voto do eleitor. Relator: Ministro Fernando Neves da Silva. Brasília-DF. *DJ*, v. 1, de 5.6.01, p. 111.

⁵⁰ TRIBUNAL SUPERIOR ELEITORAL. **Recurso Especial Eleitoral nº 19.566**. Ementa: Inelegibilidade. Arts. 22 Da Lei Complementar nº 64/90 e 41-A da Lei nº 9.504/97. Caracterização. Cassação de diplomas. Prova. Enunciados sumulares do STF e STJ. Imprescindibilidade ou não de revisor. CPC, art. 397. Desprovimento. I. Resta caracterizada a captação de sufrágio prevista no art. 41-A da Lei nº 9.504/97 quando o candidato praticar, participar ou mesmo anuir explicitamente às condutas abusivas e ilícitas capituladas naquele artigo. II. Para a configuração do ilícito previsto no art. 22 da Lei Complementar nº 64/90, as condutas vedadas podem ter sido praticadas antes ou após o registro da candidatura. III. Quanto a aferição do ilícito previsto no art. 41-A, esta Corte já decidiu que o termo inicial é o do pedido do registro da candidatura. IV. Em ação de investigação judicial, irrelevante para o deslinde da matéria se a entidade assistencial é mantida com recurso público ou privado, sendo necessário aferir se houve ou não o abuso. V. Na legislação eleitoral, há intervenção de revisor, essa intervenção é mais restrita e expressamente prevista, como, *verbi gratia*, quando se trata de recurso contra expedição de diploma, nos termos do art. 271, § 1º, do Código Eleitoral – a respeito, Recurso Especial Eleitoral nº 14.736-RJ, rel. Min. Eduardo Alckmin, *DJ* de 7.2.97. 18/12/2001, Relator: Ministro Sálvio de Figueiredo Teixeira. Brasília-DF, 18 dez 01. *DJ*, v. 1, de 26.4.02, p. 185.

possibilitando uma resposta mais célere, eficaz e efetiva do Poder Judiciário às demandas da sociedade na aplicação dessa regra eleitoral.

Execução imediata e aplicação do art. 216 em Ação de Impugnação de Mandato Eletivo fundamentada no art. 41-A

Outro ponto que merece destaque no que tange ao art. 41-A é a questão da execução imediata. Ressalte-se que, quanto aos efeitos da decisão, aplica-se a regra geral dos recursos, prevista no art. 257 do Código Eleitoral, aduzindo a que os recursos não terão efeito suspensivo e a execução de qualquer acórdão será feita imediatamente, através de comunicação por ofício, telegrama, ou, em casos especiais, a critério do presidente do Tribunal, mediante cópia do acórdão (parágrafo único do art. 257 do Código Eleitoral).

Nessa linha, o Tribunal Superior Eleitoral já se posicionou acerca de que não se aplica a regra do art. 15 da Lei Complementar nº 64/90, porque não se trata de inelegibilidade. Assim, é possível que, após a decisão, seja promovida a execução da condenação, conforme o teor do Acórdão nº 1.181, de 2 de outubro de 2002, de relatoria do ministro Fernando Neves, que asseverou o efeito imediato.

Ainda, no que diz respeito à Ação de Impugnação de Mandato Eletivo (AIME), o Tribunal Superior Eleitoral mudou seu posicionamento em relação à aplicação do art. 216 do Código Eleitoral,[51] quando os fundamentos dessas ações estiverem assentados no art. 41-A da Lei das Eleições. A partir da Medida Cautelar 1.049, que teve como relator designado o ministro Fernando Neves da Silva, o Tribunal Superior Eleitoral se posicionou pela inaplicabilidade do art. 216 do Código Eleitoral, por entender que os efeitos da sentença que julga procedente a ação de impugnação de mandato eletivo baseados naquele regramento são imediatos, a saber:

> São imediatos os efeitos da sentença que julga procedente ação de impugnação de mandato eletivo pela prática da conduta descrita no art. 41-A da Lei n° 9.504, de 1997. Pertinência da jurisprudência do Tribunal Superior Eleitoral relativa às representações. Situação em que não se aplica o art. 216 do Código Eleitoral.[52]

---

[51] Art. 216. Enquanto o Tribunal Superior não decidir o recurso interposto contra a expedição do diploma, poderá o diplomado exercer o mandato em toda a sua plenitude.

[52] TRIBUNAL SUPERIOR ELEITORAL. **Medida Cautelar n° 1.049**. Ementa: Medida cautelar em que se pleiteia efeito suspensivo a recurso especial contra decisão de Tribunal Regional que nega liminar para suspender eficácia de decisão que julga procedente ação de impugnação de mandato eletivo pela prática da conduta descrita no art. 41-A da Lei n° 9.504, de 1997. 1. São imediatos os efeitos da sentença que julga procedente ação de impugnação de mandato eletivo pela prática da conduta descrita no art. 41-A da Lei n° 9.504, de 1997. Pertinência da jurisprudência do Tribunal Superior Eleitoral relativa às representações. Situação em que não se aplica o art. 216 do Código Eleitoral. 2. Embora seja admitida a concessão de efeito suspensivo a recurso manifestado contra tal decisão, o acórdão recorrido, examinando as circunstâncias do caso concreto, não entendeu presentes os pressupostos necessários ao deferimento de tal medida cautelar. Inviabilidade de, em novo juízo cautelar, modificar essa decisão e suspender os efeitos da sentença. 3. Conveniência de evitar sucessivas alterações no comando da administração municipal. Cautelar indeferida, 21.5.2002, Relator: Ministro Sálvio de Figueiredo Teixeira, Relator designado: Ministro Fernando Neves da Silva. DJ, v. 1, de 6.9.02, p. 206.

Nas palavras de Souto Maior Filho, "a inaplicabilidade do art. 216 do Código Eleitoral cede lugar à aplicação do art. 257,[53] mesmo Codex, quando se tratar da hipótese prevista no art. 41-A, do julgamento da captação e do abuso do poder econômico."[54]

Potencialidade e nexo de causalidade

O Tribunal Superior Eleitoral vem decidindo reiteradamente que, em se tratando de captação ilícita de sufrágio, é incabível aferir a potencialidade de o fato influir na disputa eleitoral, bem como o nexo de causalidade entre a conduta e o resultado do pleito, porque o objetivo da norma é o de proteger a vontade do eleitor. Basta a compra de um único voto para que o candidato seja punido, nos termos das seguintes decisões daquela Corte Eleitoral:

> Representação. Art. 41-A da Lei nº 9.504/97. Candidato. Deputado estadual.
> 1. [...]
> 2. Para a configuração do ilícito previsto no art. 41-A da Lei nº 9.504/97 não se faz necessário o pedido explícito de votos, bastando que, a partir das circunstâncias do caso concreto, seja possível inferir o especial fim de agir, no que tange à captação do voto.

---

[53] Art. 257. Os recursos eleitorais não terão efeito suspensivo. Parágrafo único. A execução de qualquer acórdão será feita imediatamente, através de comunicação por ofício, telegrama, ou, em casos especiais, a critério do Presidente do Tribunal, através de cópia do acórdão.

[54] FILHO, Marcos Souto Maior. **Direito eleitoral**: lei da compra de votos e a reforma eleitoral. Contexto constitucional e aspectos práticos. Curitiba : Juruá, 2011. p. 111.

3. A pacífica jurisprudência desta Corte Superior já assentou ser desnecessário aferir potencialidade nas hipóteses do art. 41-A da Lei das Eleições, porquanto essa norma busca proteger a vontade do eleitor. Recurso desprovido.[55]

E, ainda, no Recurso Especial Eleitoral n° 21.264, o relator, ministro Carlos Velloso, manifesta:

> Para a configuração do ilícito inscrito no art. 41-A da Lei n° 9.504/97, acrescentado pela Lei n° 9.840/99, não é necessária a aferição da potencialidade de o fato desequilibrar a disputa eleitoral. Ademais, para que ocorra a violação da norma do art. 41-A, não se torna necessário que o ato de compra de votos tenha sido praticado diretamente pelo próprio candidato. É suficiente que, sendo evidente o benefício, do ato haja participado de qualquer forma o candidato ou com ele consentido: Agravo n° 4.360/PB, Ministro Luiz Carlos Madeira; REspe n° 21.248/SC, Ministro Fernando Neves; REspe n° 19.566/MG, Ministro Sálvio de Figueiredo. Relator: Ministro Carlos Mário da Silva Velloso. Brasília, DF, 11.4.2004. DJ de 11.6.2004, p. 94.[56]

---

[55] TRIBUNAL SUPERIOR ELEITORAL. **Recurso Ordinário n° 2.373/RO**. Ementa: Representação. Art. 41-A da Lei n° 9.504/97. Candidato. Deputado estadual. Relator: Ministro Arnaldo Versiani. *DJE* de 3 de nov. de 2009.

[56] TRIBUNAL SUPERIOR ELEITORAL. **Recurso Especial Eleitoral n° 21.264**. Ementa: Representação: prática de conduta vedada pelo art. 41-A da Lei n° 9.504/97, acrescentado pelo art. 1º da Lei n° 9.840, de 28.9.99: Compra de votos. I - Recurso interposto anteriormente à publicação do acórdão recorrido: tempestividade. Precedentes do Tribunal Superior Eleitoral. II - Tratando-se de matéria que possibilita a perda de mandato eletivo federal, o recurso para o Tribunal Superior Eleitoral é ordinário: CF, art. 121, § 4º, IV. Conhecimento de recurso especial como ordinário. III - Impedimento e suspeição de juízes do TRE: não acolhimento. IV - Prática de conduta vedada pelo art. 41-A da Lei n° 9.504/97, acrescentado pelo art. 1º

No entender de Souto Maior, a potencialidade e o nexo de causalidade estão intrinsecamente ligados ao princípio da proporcionalidade, que surge como freio e contrapeso às atividades do Estado e do Poder Judiciário. Argumenta que, em relação à aplicação desse princípio à captação do sufrágio, o Tribunal Superior Eleitoral afastou a incidência, porque o interesse maior do Estado é punir quem de fato pratica a captação ilícita de sufrágios.

Contrariando esmagadora doutrina eleitoral que se coloca na defesa do princípio da proporcionalidade e razoabilidade aplicado à captação de sufrágio, a Corte Eleitoral, ao julgar o Recurso Especial Eleitoral nº 19.739,[57] no qual o prefeito era acusado de comprar um único voto, decidiu pela aplicação imediata da norma e

---

da Lei nº 9.840/99: compra de votos. Há, nos autos, depoimentos de eleitoras, prestados em juízo, que atestam a compra de votos. V - Para a configuração do ilícito inscrito no art. 41-A da Lei nº 9.504/97, acrescentado pela Lei nº 9.840/99, não é necessária a aferição da potencialidade de o fato desequilibrar a disputa eleitoral. Ademais, para que ocorra a violação da norma do art. 41-A, não se torna necessário que o ato de compra de votos tenha sido praticado diretamente pelo próprio candidato. É suficiente que, sendo evidente o benefício, do ato haja participado de qualquer forma o candidato ou com ele consentido. Relator: Ministro Carlos Mário da Silva Velloso. Brasília-DF, 11 abr. 04. *DJ* de 11.6.04, p. 94.

[57] TRIBUNAL SUPERIOR ELEITORAL. **Recurso Especial Eleitoral nº 19.739**. Ementa: Representação - Art. 41-A da Lei nº 9.504/97 - Captação de sufrágio vedada por lei - Comprovação - Aplicação de multa - Decisão posterior à diplomação - Cassação do diploma - Possibilidade - Ajuizamento de ações próprias – Não necessidade. 1. A decisão que julgar procedente representação por captação de sufrágio vedada por lei, com base no art. 41-A da Lei nº 9.504/97, deve ter cumprimento imediato, cassando o registro ou o diploma, se já expedido, sem que haja necessidade da interposição de recurso contra a expedição de diploma ou de ação de impugnação de mandato eletivo. Relator: Ministro Fernando Neves da Silva. Brasília-DF, 13 ago. 02. *DJ*, v. 1, de 4.10.02, p. 233.

puniu com a cassação do diploma do candidato eleito pela compra desse voto, fundamentado na prevalência do interesse público, haja vista que é a garantia da liberdade ao voto e o combate à corrupção eleitoral o objetivo maior do art. 41-A da Lei 9.504/97, de acordo com voto do ministro Sálvio de Figueiredo no citado acórdão, transcrito:

> O caso ora posto a apreciação e julgamento é talvez o mais significativo de quantos temos tido, sendo emblemático, para usarmos uma linguagem de nossos dias. Na medida em que a legislação foi alterada no art. 41-A da Lei 9.504/97, por iniciativa popular, dando novo enfoque ao bem jurídico a proteger, enseja-se a intervenção da Justiça Eleitoral de forma muito mais eficiente e eficaz.
> Com a devida vênia, e sem embargo da substanciosa sustentação do ilustre advogado da parte recorrida, calcada no direito alemão e no princípio da proporcionalidade, acompanho o ministro relator, provendo o recurso, tendo por procedente a reclamação e cassando o registro.

Vislumbra-se, portanto, que majoritária jurisprudência do Tribunal Superior Eleitoral se consolidou no sentido de que basta a compra de apenas um voto para que o candidato tenha o registro ou o diploma cassados, porquanto "[...] este é o sentido do art. 41-A, pois tornava-se absolutamente impossível caminharmos para as cassações de registro, considerando sempre aquela relação: proporcionalidade", nas palavras do ministro Nelson Jobim, partindo do pressuposto de que o bem jurídico a ser tutelado pelo art. 41-A da Lei das Eleições é a garantia da liberdade ao voto, e não o resultado final das eleições.

Prescindibilidade de pedido expresso para a captação ilícita de sufrágio

A jurisprudência do Tribunal Superior Eleitoral, durante os primeiros quatro anos de existência do art. 41-A da Lei 9.504/97, apontava para a imprescindibilidade do pedido expresso do candidato para a obtenção do voto do eleitor, para que fosse configurado o ilícito tratado naquele dispositivo.

No julgamento do Recurso Ordinário nº 696,[58] de 18 de fevereiro de 2003, o ministro Fernando Neves asseverou:

> [...] para a caracterização da conduta vedada pelo art. 41-A da Lei nº 9.504/97, são necessárias a comprovação da participação direta ou indireta do candidato nos

---

[58] TRIBUNAL SUPERIOR ELEITORAL. **Recurso Ordinário nº 696**. Ementa: Representação - Art. 41-A da Lei nº 9.504/97 - Serviços de cabeleireiro - Candidato a deputado estadual. Recurso ordinário - Cabimento - Art. 121, § 4º, IV, da Constituição da República - Hipótese de perda de diploma. Participação direta ou indireta do representado nos fatos – Não comprovação - Pedido de votos – Não ocorrência. 1. Nas eleições estaduais e federais, as decisões proferidas em sede de representação fundada no art. 41-A da Lei nº 9.504/97 devem ser atacadas por meio de recurso ordinário, na medida em que o diploma pode ser atingido. Art. 121, § 4º, IV, da Constituição da República. 2. Para a caracterização da conduta vedada pelo art. 41-A da Lei nº 9.504/97, são necessárias a comprovação da participação direta ou indireta do candidato nos fatos ilegais e, também, a benesse ter sido dada ou oferecida com expresso pedido de votos. Relator: Ministro Fernando Neves Da Silva. Brasília-DF, 18 fev. 03. DJ, v. 1, de 12.9.03, p. 120.

fatos ilegais e, também, a benesse de ter sido dada ou oferecida com expresso pedido de votos.

Em outro julgado, no dia 29 de junho de 2004, da decisão emanada do Recurso Ordinário nº 772[59], o ministro Humberto Gomes de Barros decidiu que "a caracterização da conduta vedada pelo art. 41-A da Lei nº 9.504/97 requer que a promessa ou entrega da benesse seja acompanhada de expresso pedido de voto".

Entretanto, nesse mesmo ano de 2004, esse posicionamento jurisprudencial segue um novo caminho, objetivando dar maior amplitude e efetividade ao estabelecido pelo povo, via ação popular, que originou, posteriormente, o art. 41-A da Lei das Eleições. O voto condutor foi proferido no Acórdão nº 773,[60] de relatoria do ministro Carlos Velloso, no qual deixou inserto que "para caracterização da conduta ilícita

---

[59] TRIBUNAL SUPERIOR ELEITORAL. **Recurso Ordinário nº 772**. Ementa: Representação. Cerceamento de defesa. Captação ilícita de sufrágio. Provas robustas. Ausência. Provimento. Embora presente o cerceamento de defesa, não se declara a nulidade quando presente a hipótese do art. 249, § 1º, CPC. A caracterização da conduta vedada pelo art. 41-A da Lei nº 9.504/97 requer que a promessa ou entrega da benesse seja acompanhada de expresso pedido de voto. Relator: Ministro Humberto Gomes de Barros. Brasília-DF, 29 jun. 04. *DJ de* 05.11.2004, p. 159.

[60] TRIBUNAL SUPERIOR ELEITORAL. **Recurso Ordinário nº 773**. Ementa: Representação. Captação ilícita de sufrágio. Art. 41-A da Lei nº 9.504/97. Desnecessidade de nexo de causalidade. Anuência do candidato. 1. Manutenção em período eleitoral de "cursinho pré-vestibular" gratuito e outras benesses, às vésperas da eleição, revelam o intuito do candidato em obter votos. 2. Para caracterização da conduta ilícita é desnecessário o pedido explícito de votos, basta a anuência do candidato e a evidência do especial fim de agir. Relator: Ministro Humberto Gomes de Barros. Relator designado: Ministro Carlos Mário da Silva Velloso. Brasília-DF, 24 agosto 04. *DJ* de 6.5.05, p. 150.

é desnecessário o pedido explícito de votos, basta a anuência do candidato e a evidência do especial fim de agir", o dolo específico, ou seja, o desejo deliberado de comprar votos.

Destarte, o que se observa da análise dessas decisões é uma Corte Eleitoral empenhada em suprir as lacunas deixadas pelo legislador quando da elaboração do art. 41-A da Lei das Eleições. De início, os julgadores tiveram entendimento de que era imprescindível o pedido explícito do voto pelo candidato, quando dava ou oferecia a benesse ao eleitor, o que se aproximava do exigido no art. 299 do Código Eleitoral, para que pudesse ser configurado o ilícito penal ali descrito, o que dificultava muito demonstrar a ilicitude cometida pelo candidato infrator. Ele fazia as doações de modo que não configurassem o pedido expresso do voto, mas a intenção oculta naquela doação era o desejo de captar o voto do eleitor como garantia de sua eleição ao cargo pretendido. Atualmente, segundo a jurisprudência do Tribunal Superior Eleitoral, não se exige mais que o pedido de voto seja expresso quando das benesses, para que se configure o ilícito: basta a anuência do candidato direta ou indiretamente, pois a previsão da finalidade eleitoral estabelece a exigência de comprovação de dolo específico, o qual consiste na intenção de captar o voto do eleitor.

Essa mudança de postura judicial, ao que parece, está voltada à necessária proteção do voto como eixo central da normalidade e legitimidade das eleições e da proteção à liberdade desse voto e da igualdade de oportunidades para todos os candidatos.

Desnecessidade de identificação do eleitor beneficiário

O texto do art. 41-A da Lei 9.504/97 dispõe expressamente que o sujeito passivo que sofre a ação do candidato de doar, oferecer, prometer ou entregar bem ou vantagem pessoal de qualquer natureza, inclusive emprego ou função pública, é o eleitor. Porém, a entrega daquelas benesses pode ser feita aos familiares ou mesmo aos amigos do eleitor, "por exemplo, a matrícula do filho, a consulta médica para algum familiar", nas palavras de Francisco Sanseverino,[61] com o único objetivo de obter o voto daquele membro da família que vota.

Essa questão foi apreciada pelo egrégio Tribunal Superior Eleitoral[62] no sentido de não ser imprescindível a identificação nominal do eleitor que recebeu o bem, no caso de oferta feita à pluralidade de eleitores, para a configuração da infração do art. 41-A, desde que

---

[61] SANSEVERINO, Francisco de Assis Vieira. **Compra de votos**: análise à luz dos princípios democráticos. Porto Alegre: Verbo Jurídico, 2007. p. 272.
[62] TRIBUNAL SUPERIOR ELEITORAL. **Recurso Especial Eleitoral nº 25.256**. Ementa: Captação de sufrágio do Art. 41-A da Lei nº 9.504/97. Ofensa a lei. Dissídio jurisprudencial. Inexistência. Recurso não conhecido. 1 - Na linha da jurisprudência desta Corte, estando comprovado que houve captação vedada de sufrágio, não é necessário estejam identificados nominalmente os eleitores que receberam a benesse em troca de voto, bastando para a caracterização do ilícito a solicitação do voto e a promessa ou entrega de bem ou vantagem pessoal de qualquer natureza. 2 - Restando comprovada a captação ilícita de sufrágio por meio de conjunto probatório considerado suficiente e idôneo, inexequível seu reexame na via especial (Enunciados 279/STF e 7/STJ). Relator: Ministro Francisco Cesar Asfor Rocha. *DJ* de 5.5.06, p. 151.

comprovado que houve captação vedada de sufrágio, porque a pluralidade não desfigura a prática da ilicitude.[63] Presente está a postura ativista do Tribunal Superior Eleitoral quando é chamado a solucionar conflitos inerentes a matéria de sua especialidade, o Direito Eleitoral brasileiro, preenchendo as lacunas insertas nas normas eleitorais. A Corte Eleitoral tem grande responsabilidade ao fazer interpretações que não raramente passam a integrar a base jurisprudencial do Tribunal Superior Eleitoral. Nesse sentido, dedilhando a construção jurisprudencial, denota-se o rigor com que o Tribunal Superior Eleitoral vem tratando da temática captação ilícita de sufrágio, voltada ao combate sistemático e incansável contra esse mal tão avassalador para o povo brasileiro, que é a corrupção eleitoral em todas as esferas eletivas.

---

[63] TRIBUNAL SUPERIOR ELEITORAL. **Recurso Especial Eleitoral nº 21.022**. Ementa: Investigação judicial - Representação - Art. 41-A da Lei nº 9.504/97 - Multa - Inelegibilidade - Art. 22 da Lei Complementar nº 64/90. Não identificação dos nomes dos eleitores corrompidos - Desnecessidade. 1. Estando comprovada a prática de captação ilegal de votos, não é imprescindível que sejam identificados os eleitores que receberam benesses em troca de voto. 2. Em representação para apurar captação vedada de sufrágio, não é cabível a decretação de inelegibilidade, mas apenas multa e cassação de registro ou de diploma, como previsto no art. 41-A da Lei nº 9.504/97. Relator: Ministro Fernando Neves da Silva. Brasília-DF, 5 dez. 02. *DJ*, v. 1, de 7.2.03, p. 144.

Capítulo III

A postura institucional do TSE frente ao art. 41-A da Lei das Eleições, no comparativo com o art. 299 do Código Eleitoral

A corrupção eleitoral é o grande tema do cenário político brasileiro atualmente. Estamos vivenciando incontáveis escândalos políticos que fazem transparecer a verdadeira face de determinados candidatos que concorreram ou já foram eleitos a uma vaga no Poder Legislativo ou Executivo. Por isso, são ajuizadas muitas ações de investigação judicial eleitoral (AIJE) ou ação de impugnação de mandato eletivo (AIME) fundamentadas, em sua grande maioria, no art. 41-A da Lei 9.504/97, contrariando esse dispositivo na parte que se refere à captação ilícita de sufrágio.

Ativismo judicial do Tribunal Superior Eleitoral

O Tribunal Superior Eleitoral, última instância da Justiça Eleitoral, no cumprimento de sua missão institucional deve dar uma resposta à sociedade, portanto, nas decisões emanadas dessa Corte, no que tange ao art. 41-A da Lei das Eleições, a interpretação tem sido abrangente, elástica, o que corrobora criar uma jurisprudência sustentada nesse ativismo judicial da Corte Eleitoral, como instrumento para garantir a efetividade dos efeitos advindos da infração ao referido artigo pelo candidato.

Doutrinadores em Direito Eleitoral, como Souto Maior e Alberto Rollo, fazem críticas à Justiça Eleitoral alegando que esta se utiliza da interpretação teleológica para criar novas normas. Nas palavras de Alberto Rollo: "a caneta do Juiz se sobrepõe à vontade popular e ao princípio constitucional de que todo o poder emana do povo".[64]

Não obstante, a construção interpretativa da egrégia Corte Eleitoral vem no sentido de dar efetividade ao citado art.41-A para coibir veementemente que corruptos ocupem mais espaços no meio político, principalmente à frente de cargos eletivos, porque, como alega Souto Maior: "o voto do cidadão no Estado Democrático de Direito não pode ter preço, para possibilitar a alternância do poder".[65] O voto livre é inerente à dignidade da pessoa humana.

---

[64] ROLLO, Alberto; ROLLO, Arthur. **A corrupção eleitoral**. Disponível em: <http://www.mundojuridico.adv.br>. Acesso em 9 de abril de 2011.

[65] FILHO, Marcos Souto Maior. **Direito eleitoral**: lei da compra de votos e a reforma eleitoral. Contexto constitucional e aspectos práticos. Curitiba : Juruá, 2011. p. 25.

Artigo 299 do Código Eleitoral x Artigo 41-A da Lei 9.504/97

Ao longo da única previsão legal eleitoral sobre a temática corrupção eleitoral, o art. 299 do Código Eleitoral exigia um processo demorado e cuidadoso. Assim, muitos casos de captação ilícita de sufrágio bateram às portas dos tribunais eleitorais, mas as punições não ocorreram em alguns deles porque, quando a sentença transitava em julgado, o mandato já havia terminado. Isso acontecia justamente por falta de uma norma célere que possibilitasse que a resposta judicial viesse a ocorrer, ainda, dentro do período de campanha eleitoral – para que fossem expurgados da política os candidatos corruptos aproveitadores da condição de miserabilidade vivenciada por muitos cidadãos brasileiros.

Um dos exemplos trazidos para ilustrar esse período anterior à Lei nº 9.840/99, é o Habeas Corpus nº 292,[66] de 3 de fevereiro de 1998, originário do Estado da Bahia, sob a relatoria do ministro Eduardo Ribeiro, o qual colaciona que os réus foram à casa de uma eleitora e deram-lhe um determinado valor para que ela comprasse quatro sacas de cimento, necessárias à construção de um tanque. Ao sair, disseram que a eleição já estava ganha.

---

[66] TRIBUNAL SUPERIOR ELEITORAL. **Habeas Corpus nº 292**. Ementa: processo penal. Necessidade de que a denúncia contenha imputação, em que se descreva fato criminoso. Não há o crime previsto no artigo 299 do Código Eleitoral se o oferecimento da vantagem não se vincula à obtenção de voto. Omitida essa circunstância, elementar do crime, inviável o processo. Relator: Eduardo Ribeiro. Brasília-DF, 3 fev. 98. *DJ* de 6.3.98, p. 69.

Na decisão emanada do Tribunal Superior Eleitoral, o relator decidiu no sentido de que não havia o crime previsto no art. 299 do Código Eleitoral (corrupção eleitoral), pois não havia como concluir se ocorrera o oferecimento da vantagem vinculada à obtenção de voto, faltava o essencial elemento caracterizador do tipo, qual seja, o dolo específico, segundo o relator, ideia divergente da do juiz da Zona Eleitoral e dos desembargadores do Tribunal Regional.

Se esse fato fosse julgado hoje, sob a ótica do moralizador art. 41-A, o desfecho judicial provavelmente seria outro, vejamos: um candidato vai à casa de uma eleitora, às vésperas das eleições, e lhe dá um certa quantia em dinheiro, para construção de um tanque, e sai dizendo que a eleição está ganha... Esses atos são característicos da captação ilícita de sufrágio e, assim sendo, poderia o infrator sofrer todas as sanções descritas no corpo do citado artigo, quais sejam: multa e cassação do registro ou do diploma, a depender do momento em que ocorrer o julgamento.

Nesse sentido foi o voto do redator designado, ministro Marco Aurélio, no Recurso Especial Eleitoral nº 25.146,[67] de 7 de março de 2006, no qual aduziu:

---

[67] TRIBUNAL SUPERIOR ELEITORAL. **Recurso Especial Eleitoral nº 25.146**. Ementa: Captação ilícita de sufrágio. Configuração do Art. 41-A da Lei nº 9.504/97. Verificado um dos núcleos do art. 41-A da Lei nº 9.504/97 – doar, oferecer, prometer ou entregar ao eleitor bem ou vantagem pessoal de qualquer natureza – no período crítico compreendido do registro da candidatura até o dia da eleição, inclusive, presume-se o objetivo de obter voto, sendo desnecessária a prova visando a demonstrar tal resultado. Presume-se o que normalmente ocorre, sendo excepcional a solidariedade no campo econômico, a filantropia. Relator: Ministro Marco Aurélio. Brasília-DF, 7 mar. 2006. *DJ* de 20.4.06, p. 124.

[...] no período crítico compreendido do registro da candidatura até o dia da eleição, inclusive, presume-se o objetivo de obter voto, sendo desnecessária a prova visando a demonstrar tal resultado. Presume-se o que normalmente ocorre, excepcional a solidariedade no campo econômico, a filantropia.

Só pela análise dos casos citados, já se depreende uma mudança de entendimento do Tribunal Superior Eleitoral em relação ao pedido expresso de voto pelo candidato. Todavia, isso não significa que não se exija mais o dolo específico, mas o que se depreende é que outra não seria a intenção do candidato, em pleno período eleitoral, ao distribuir benesses, a não ser a intenção de obter o voto do eleitor. É um pedido implícito, por certo, e não deixa de ser uma compra de votos, em que está presente o elemento subjetivo do tipo, o dolo específico. Assim, é pacífica a jurisprudência do Tribunal Superior Eleitoral no sentido de que, para caracterização da conduta ilícita prevista no art. 41-A, é desnecessário o pedido explícito de votos, bastando tão somente a anuência do candidato e a evidência do especial fim de agir.

A sociedade brasileira, no período em que se discutia sobre a avassaladora crise moral e ética consubstanciada na corrupção eleitoral que reinava nos bastidores da política nacional, exigia uma mudança na legislação eleitoral que tornasse mais célere a retirada desses "elementos" da corrida ou de sua permanência nos diversos cargos públicos, em todas as esferas: municipal, estadual e federal. O clamor social baseava-se em situações fáticas que não eram alcançadas pela legislação existente, a qual deixava verdadeiros crimes eleitorais sem punições, como o exemplo a seguir retirado do repositório da Justiça Eleitoral.

Narra a denúncia que a paciente, juntamente com os demais acusados, teria transportado e distribuído embalagens de alimentação escolar a integrantes do clube das mães dos bairros Aurora e Belvedere, em Santa Cruz do Sul, com o comentário de que em troca queriam o voto para os deputados Kunzel e Mainardi, sendo que nas eleições a serem realizadas os beneficiários deveriam votar nos aludidos candidatos.

Ao decidir, o ministro Eduardo Alckmin, relator designado para o acórdão, asseverou que "o pedido de forma genérica ou meramente implícito não se enquadra na ação descrita pelo art. 299 do Código Eleitoral, que exige dolo específico caracterizado pela intenção de obter do eleitor a promessa de que sua conduta será no sentido ali mencionado". Alegou também que:

> a abordagem deve ser direta ao eleitor com o objetivo de dele obter a promessa de que o voto será obtido ou dado ou haverá abstenção em decorrência da oferta feita.

Essa postura, alicerçada à luz do art. 299 do Código Eleitoral, era a que embasava a jurisprudência daquela Corte Eleitoral. Entretanto, estava a anos-luz de dar as respostas pelas quais a sociedade brasileira ansiava. Desse modo, os candidatos corruptos continuavam impunes, a povoar o cenário político porque não havia uma norma mais abrangente, específica e célere capaz de punir tais condutas, tendo em vista que, ao longo do tempo, o sobredito artigo vinha se tornando impraticável, por uma série de razões sociais e por não ter consequência qualquer punição ou procedimento criminal que se instaure a partir da verificação do processo de compra de votos, captação de sufrágio, nas palavras do deputado federal Eduardo Paes (PTB/RJ),[68] o que facilitava muito aos candidatos corruptos a reiterada prática ilícita.

Nos dias atuais, diante de uma norma de natureza civil-eleitoral (proibitiva e sancionária), com previsão de procedimento célere, sanções e efeitos de execução imediata, o caso narrado poderia alcançar solução bem diversa. Em recentes decisões da Corte Eleitoral em caso semelhante, o entendimento evoluiu no que concerne ao pedido não individualizado de voto, como é o caso inserto na decisão do Recurso Especial Eleitoral nº 21.022,[69] no qual asseverou o relator, ministro Fernando Neves, que:

> estando comprovada a prática de captação ilegal de votos, não é imprescindível que sejam identificados os eleitores que receberam benesses em troca de votos.

---

[68] Pronunciamento publicado no Diário da Câmara dos Deputados, na quarta-feira, 22.9.1999, p. 43.574.

[69] TRIBUNAL SUPERIOR ELEITORAL. **Recurso Especial Eleitoral nº 21.022**. Ementa: Investigação judicial - Representação - Art. 41-A da Lei nº 9.504/97 - Multa - Inelegibilidade - Art. 22 da Lei Complementar nº 64/90. Não identificação dos nomes dos eleitores corrompidos - Desnecessidade. 1. Estando comprovada a prática de captação ilegal de votos, não é imprescindível que sejam identificados os eleitores que receberam benesses em troca de voto. 2. Em representação para apurar captação vedada de sufrágio, não é cabível a decretação de inelegibilidade, mas apenas multa e cassação de registro ou de diploma, como previsto no art. 41-A da Lei nº 9.504/97. Relator: Ministro Fernando Neves da Silva. Brasília-DF, 5 dez. 02. *DJ*, v. 1, de 7.2.03, p. 144.

O que percebemos no primeiro caso julgado, sob a ótica do art. 299 do Código Eleitoral, é a impossibilidade de incidência dessa norma, porque ausente a tipicidade exigida em relação à individualização do eleitor, embora os alimentos tenham sido doados para o clube de mães da escola mencionada, o que por si só já indicaria quais eram os eleitores presentes naquele clube. Isto não bastaria para a aplicação da sanção prevista no art. 299 do Código Eleitoral.

Diferentemente, no segundo caso analisado sob a ótica do art. 41-A, a decisão foi no sentido de que, para configurar o ilícito ali contido, não era necessário individualizar os eleitores, pois a merenda foi distribuída de forma genérica, mas todos os que foram agraciados eram eleitores e o pedido de voto acompanhava a entrega dos lanches, sendo comprovado o fato típico, ou seja, a oferta de algo em troca de votos.

As evidências são cristalinas em relação à evolução de pensamento da Corte Eleitoral após a chegada do art. 41-A ao nosso ordenamento jurídico, pois essa norma não tem natureza jurídica criminal-eleitoral, nem objetiva apurar a prática de crime eleitoral. Sua natureza é civil-eleitoral e o objetivo maior é retirar da corrida ou do meio eleitoral os candidatos que lesam o bem jurídico por ela protegido, que é a livre manifestação do eleitor. Nesse sentido são os passos do Tribunal Superior Eleitoral.

Caso Capiberibe e a aplicação do art. 41-A da Lei 9.504/97

Uma das decisões mais polêmicas do Tribunal Superior Eleitoral envolvendo a aplicação do art. 41-A da Lei 9.504/97, foi o caso Capiberibe,[70] no Amapá. Em 27 de abril de 2004, por maioria, o Tribunal Superior Eleitoral cassou o diploma do senador João Alberto Capiberibe e o de sua esposa, a deputada federal Janete Capiberibe, do Estado do Amapá, decisão aquela proferida em razão da imputação feita pelo Partido do Movimento Democrático Brasileiro (PMDB) referente à "compra" de dois votos pela quantia de

---

[70] TRIBUNAL SUPERIOR ELEITOAL. **Recurso Especial Eleitoral nº 21.264**. Ementa: Representação: prática de conduta vedada pelo art. 41-A da Lei nº 9.504/97, acrescentado pelo art. 1º da Lei nº 9.840, de 28.9.99: compra de votos. I - Recurso interposto anteriormente à publicação do acórdão recorrido: tempestividade. Precedentes do Tribunal Superior Eleitoral. II - Tratando-se de matéria que possibilita a perda de mandato eletivo federal, o recurso para o Tribunal Superior Eleitoral é ordinário: CF, art. 121, § 4º, IV. Conhecimento de recurso especial como ordinário. III - Impedimento e suspeição de juízes do TRE: não acolhimento. IV - Prática de conduta vedada pelo art. 41-A da Lei nº 9.504/97, acrescentado pelo art. 1º da Lei nº 9.840/99: compra de votos. Há, nos autos, depoimentos de eleitoras, prestados em juízo, que atestam a compra de votos. V - Para a configuração do ilícito inscrito no art. 41-A da Lei nº 9.504/97, acrescentada pela Lei nº 9.840/99, não é necessária a aferição da potencialidade de o fato desequilibrar a disputa eleitoral. Ademais, para que ocorra a violação da norma do art. 41-A, não se torna necessário que o ato de compra de votos tenha sido praticado diretamente pelo próprio candidato. É suficiente que, sendo evidente o benefício, do ato haja participado de qualquer forma o candidato ou com ele consentido: Ag nº 4.360/PB, Min. Luiz Carlos Madeira; REspe nº 21.248/SC, Min. Fernando Neves; Recurso Especial Eleitoral nº 19.566/MG, Min. Sálvio de Figueiredo. VI - Recurso especial conhecido como ordinário e provido. Relator: Ministro Carlos Mário Veloso. Brasília-DF, 27 de abr. 04. *DJ* de 11.6.04, p. 94.

R$ 26,00 (vinte e seis reais), cada, às eleitoras Maria de Nazaré e Rosa Saraiva.

Sustentada na jurisprudência predominante da Corte, o relator, ministro Carlos Velloso, reiterou em sua decisão que cassou os referidos diplomas expedidos, bem como aplicou multa no valor de R$ 15.000 (quinze mil) Ufirs, ao casal Capiberibe, sob a fundamentação de que para a configuração do ilícito previsto no art. 41-A, não é necessária a aferição da potencialidade de o fato desequilibrar a disputa eleitoral, porque a proibição de captação de sufrágio visa resguardar a livre vontade do eleitor e não a normalidade do equilíbrio do pleito.

A construção jurisprudencial no sentido de que a comprovação de compra de um único voto permite a condenação do candidato demonstra claramente o ativismo judicial do Tribunal Superior Eleitoral, que se posicionou no rumo de que o bem juridicamente tutelado pela art. 41-A é a vontade do eleitor, e não a lisura do pleito, aplicando-se a imediata execução do julgado.

Os cassados pelo art. 41-A da Lei das Eleições

O Movimento de Combate à Corrupção Eleitoral (MCCE) divulgou relatório na audiência realizada na sede do Conselho Federal da Ordem dos Advogados do Brasil,[71] em 15 de fevereiro de 2007, no qual de-

---

[71] ORDEM DOS ADVOGADOS DO BRASIL. Disponível em <http://www.oab.org.br/noticia.asp?id=9041>. Acesso em 16 de abril de 2011.

monstrou que 421 políticos foram cassados no Brasil por compra de votos nas eleições municipais realizadas nos ano de 2000 e 2004, sendo 47 em Minas Gerais, 46 em São Paulo, 44 no Pará, 34 na Bahia, 32 no Ceará, 32 em Santa Catarina, 28 no Rio Grande do Norte, 24 em Goiás, 15 em Mato Grosso do Sul, 13 no Rio Grande do Sul, 12 no Mato Grosso, 12 na Paraíba, 12 no Rio de Janeiro, 11 em Pernambuco, 11 no Piauí, 7 no Amapá, 7 no Paraná, 7 em Rondônia, 6 no Maranhão, 6 em Roraima, 4 em Alagoas, 3 no Sergipe, 2 no Acre, 2 no Amazonas, 2 no Tocantins, 1 no Distrito Federal e 1 no Espírito Santo.

O Tribunal Superior Eleitoral cassou 203[72] políticos por compra de votos entre janeiro de 2002 e fevereiro de 2007, no montante de 2.078 ações fundamentadas no art. 41-A da Lei 9.504/97, que pune a prática de captação ilícita de sufrágio.

Em 2002 foram cassados 25 políticos (11 prefeitos, 6 vice-prefeitos e 8 vereadores). Em 2003, somaram-se 28 políticos cassados (3 deputados estaduais (AC, ES e MG), 1 deputado federal (AP) e 1 senador (AP), 16 prefeitos, 6 vice-prefeitos e 1 vereador). Em 2004, 20 políticos foram cassados (1 governador (RR), 2 deputados federais (MT e AC), 12 prefeitos, 3 vice-prefeitos e 2 vereadores). Por sua vez, em 2005, o Tribunal Superior Eleitoral cassou 89 registros de candidatura ou diplomas de políticos (1 deputado federal (CE), 1 deputado estadual (SP), 40

---

[72] FOLHA DE SÃO PAULO. Disponível em <http://www1.folha.uol.com.br/folha/brasil/ult96u89694.shtml>. Acesso em 16 de abril de 2011.

prefeitos, 21 vice-prefeitos e 26 vereadores). Em 2006, o Tribunal Superior Eleitoral cassou 41 registros ou diplomas de políticos (17 prefeitos, 12 vice-prefeitos e 12 vereadores).

Vale ressaltar que nem todos os processos ajuizados por captação ilícita de sufrágios chegam ao Tribunal Superior Eleitoral, principalmente quando os acusados são prefeitos, vice-prefeitos e vereadores, haja vista que esses processos começam no Juízo Eleitoral (primeira instância de julgamento). Em grau de recurso podem alcançar o Tribunal Regional Eleitoral (segunda instância de julgamento), os quais podem ou não chegar ao Tribunal Superior Eleitoral (terceira instância de julgamento).

Pelos números apresentados, no período de cinco anos, torna-se clara a importância da previsão contida no art. 41-A da Lei 9.504/97 para a Justiça Eleitoral de todo o país, que tem nessa norma e na evoluída jurisprudência daí emanada um valioso instrumento jurídico para banir os políticos corruptos do cenário político brasileiro.

Frente a um novo cenário

A Lei 9.840/99, que introduziu o art. 41-A na Lei 9.504/97, ficou conhecida como Lei dos Bispos, e veda a compra de votos. Ela propiciou meios e poderes à Justiça Eleitoral para coibir com maior rapidez e objetividade o candidato que capta sufrágios mediante doação de bens ou vantagens ao eleitor. Há um novo cenário político brasileiro desenhado a partir da inserção desse artigo na legislação eleitoral e da postura do TSE no seu papel institucional frente aos novos desafios jurídicos surgidos a partir da promulgação dessa lei. Ocorre que a previsão do instituto não foi completa, abrindo caminho para várias teorias e interpretações, o que exigiu do Tribunal Superior Eleitoral uma atitude ativista na busca de solução às inúmeras lacunas trazidas às demandas naquela Corte Eleitoral.

O engajamento social fez com que os julgadores buscassem interpretar a norma de modo mais abrangente, elástica, de forma a cumprir sua principal finalidade: eliminar do processo eleitoral o político infrator, entendendo que o bem jurídico tutelado pelo citado artigo é a livre expressão do voto pelo eleitor.

Estabelecendo um rito célere, a nova lei tornou possível a cassação de candidatos em virtude da simples oferta de algum bem ou vantagem, ainda que dirigida a um eleitor isolado, pois a moralidade do processo eleitoral depende muito da livre escolha do eleitor no democrático ato de votar.

Em situações semelhantes, as consequências eram divergentes, tendo em vista a falta de uma norma que pudesse abarcar, com celeridade, as questões atinentes à captação ilícita de sufrágios.

Assim, o Tribunal Superior Eleitoral vem tendo papel fundamental na aplicação desse dispositivo (art. 41-A), consubstanciado na construção de uma jurisprudência centrada na busca de soluções não alcançadas pelo texto legal, a fim de dar efetividade à lei.

Uma das interpretações do Tribunal Superior Eleitoral no sentido de dar mais eficácia à nova lei ocorreu em relação à execução imediata da decisão, que cassa o registro ou o diploma, afastando da corrida eleitoral ou do cargo o candidato infrator. Antes, vigorava soberana a exigência de que o cumprimento da ordem judicial de cassação de mandato só ocorresse após o trânsito em julgado, ou seja, quando não mais coubesse qualquer recurso. O abuso do direito de defesa, com a utilização de inúmeras medidas e recursos, com a finalidade de retardar o julgamento final do processo, fazia com que este raramente fosse concluído a tempo de surtir algum efeito, frustrando os anseios da sociedade brasileira, que exigia punição aos candidatos corruptos.

Nesse contexto, o ativismo judicial do Tribunal Superior Eleitoral é de suma importância para coibir a prática de captação ilícita de sufrágio e para banir os candidatos corruptos que maculam a democracia e a liberdade de sufrágio do eleitor, conquistadas duramente pela sociedade brasileira.

Referências

AMORIM, Caroline Maria Pinheiro. **Captação de sufrágio**. Jus Navigandi [on line]. Disponível em: <http://jus2.uol.com.br/doutrina/texto.asp?id=4532>. Acesso em 14 de setembro de 2008.

ANDRADE, Flávio da Silva. **Breves apontamentos acerca do moralizador instituto do art. 41-A da Lei 9.504/97**. Disponível em: <http:jus2.uol.com.br/ doutrina/ texto.asp? id=8479> Acesso em 14 de setembro de 2008.

BARBALHO, João. **Constituição Federal Brasileira, 1891**. Brasília: Senado Federal, Conselho Editorial, 2002.

BAUFLER, Clóvis. Fazer valer a lei para combater a corrupção eleitoral. **Boletim da Rebidia**. a. 3, n. 15, Jan./Abr. 2000. Disponível em: <http://www.rebidia.org.br/ boletim15.htm>. Acesso em 16 de novembro de 2008.

BRASIL. **Constituição Federal de 1988**. Promulgada em 5 de outubro de 1988.

BRASIL. **Lei nº 4.737, de 15 de julho de 1965**. Institui o Código Eleitoral. Diário Oficial da União de 17 de julho de 1965.

BRASIL. **Lei nº 7.493, de 17 de junho de 1986**. Estabelece normas para a realização de eleições em 1986 e dá outras providências. Diário Oficial da União de 18 de junho de 1986.

BRASIL. **Lei nº 7.664, de 29 de junho de 1988**. Estabelece normas para a realização das eleições municipais de 15 de novembro de 1988 e dá outras providências. Diário Oficial da União de 1º de julho de 1988.

BRASIL. **Lei nº 9.504, de 30 de setembro de 1997**. Estabelece normas para as eleições. Diário Oficial da União. Brasília, 1º de outubro de 1997.

BRASIL. **Lei Complementar nº 64, de 18 de maio de 1990**. Estabelece, de acordo com o art. 14, § 9º, da Constituição Federal, casos de inelegibilidade e prazos de cessação, e determina outras providências. Diário Oficial da União. Brasília, 21 de maio de 1990.

BRASIL. Tribunal Superior Eleitoral. **Captação de Sufrágio**. Brasília: SGI/Cojur, 2008.

CONEGLIAN, Olivar. **Propaganda eleitoral**: de acordo com o Código Eleitoral e com a Lei 9.504/97, modificada pelas Leis 9.840/99, 10.408/02 e 10.740/03. 6. ed. Curitiba : Juruá, 2004.

COSTA, Adriano Soares da. **Captação ilícita de sufrágio**: novas reflexões em decalque. Disponível em <http://www.adrianosoares.br>. Acesso em 11 de agosto de 2008.

_____. **Captação de sufrágio e inelegibilidade**: análise crítica do art. 41-A da Lei 9.504/97. Disponível em: <http://www.paranaeleitoral.gov.br>. Acesso em 28 de setembro de 2010.

_____.**Instituições de Direito Eleitoral**. 6. ed. São Paulo : Del Rey, 2006.

COSTA, Geilton da. A ação de investigação judicial eleitoral e o termo inicial para a sua propositura. **Boletim Eleitoral n. 46**, outubro/2002. Disponível em: <http://www.paranaeleitoral.gov.br/artigo_impresso.php?cod_texto=156>. Acesso em 16 de novembro de 2008.

DAHER, Marlusse Pestana. **Lei 9.840/99**: eleições municipais e combate à corrupção eleitoral. Disponível em: <http://jus2.uol.com.br/doutrina/texto.asp?id=1531>. Acesso em 14 de setembro de 2008.

DELGADO, José Augusto. **Reflexões doutrinárias e jurisprudenciais sobre o art. 41-A da Lei 9.504/97**. Disponível em: <http://www.tribunalsuperioreleitoral.jus.br>. Acesso em 14 de setembro de 2008.

FOLHA DE SÃO PAULO. Disponível em <http://www1.folha.uol.com.br/folha/brasil>. Acesso em 16 de abril de 2011.

FILHO, Marcos Souto Maior. **Direito eleitoral**: lei da compra de votos e a reforma eleitoral. Contexto constitucional e aspectos práticos. Curitiba: Juruá, 2011.

GOMES, Suzana de Camargo. **Crimes eleitorais**. 4. ed. São Paulo : Revista dos Tribunais, 2010.

MCCE comemora garantia de aplicação da Lei 9.840. Disponível em: <http://www.lei9840.org.br>. Acesso em 13 de setembro de 2008.

MCCE. **Conheça a Lei**. Disponível em: <http://www.lei9840.org.br>. Acesso em 13 de setembro de 2008.

NIESS, Pedro Henrique Távora. **Direitos políticos, condições de elegibilidade e inelegibilidade**. São Paulo : Saraiva, 1994.

NOLETO, Mauro Almeida. **Terceiro Turno**: crônicas da jurisdição eleitoral. Imperatriz : Ética, 2008.

ORDEM DOS ADVOGADOS DO BRASIL. Disponível em <http://www.oab.org.br/noticia.asp?id=9041>. Acesso em 16 de abril de 2011.

PETRACIOLI, Rafael da Silveira. **A minirreforma eleitoral e o ativismo judicial do Tribunal Superior Eleitoral**. Jus Navigandi, Teresina, ano 14, n. 2291, 9/10/2009. Disponível em: <http://jus.uol.com.br/revista/texto/13654>. Acesso em: 12 março de 2011.

RAMAYANA, Marcos. **Resumo de direito eleitoral**. Niterói: Impetrus, 2010.

REIS, Márlon Jacinto. **Mercadores de votos, cerca-igrejas e cacetistas**. Jus Navigandi [on line]. Disponível em: <http://jus2.uol.com.br/doutrina/texto.asp?id=5324>. Acesso em 14 de setembro de 2008.

_____. **Uso eleitoral da máquina administrativa e captação ilícita de sufrágio**. Rio de Janeiro: FGV, 2006.

_____. **A Lei nº 9.840/99 e sua evolução jurisprudencial**. Brasília: CBJP, 2004.

_____. **A constitucionalidade do art. 41-A da Lei das Eleições**. Revista Paraná Eleitoral, nº 56, 2005.

ROLLO, Alberto; ROLLO, Arthur. **A corrupção eleitoral**. Disponível em: <http://www.mundojuridico.adv.br>. Acesso em 9 de abril de 2011.

SANSEVERINO, Francisco de Assis Vieira. **Compra de votos**: análise à luz dos princípios democráticos. Porto Alegre: Verbo Jurídico, 2007.

SPECK, Bruno W. **A compra de votos**: uma aproximação empírica. Opinião Pública. v. 9, n. 1, 2003.

STANSKY, Maria Cláudia. Ação de impugnação de mandato eletivo. **Boletim Eleitoral n. 64**, Abr. 2007. Disponível em: <http://www.paranaeleitoral.gov.br> Acesso em 16 de novembro de 2008.

STOCO, Rui; STOCO, Leandro de Oliveira. **Legislação eleitoral interpretada**. Doutrina e jurisprudência. São Paulo: Revista dos Tribunais, 2004.

TRIBUNAL SUPERIOR ELEITORAL. Agravo Regimental em Agravo de Instrumento nº 6.553. Relator: Antonio Cezar Peluso, Brasília-DF, 12 de dezembro de 2007, DJ de 12.12.10, p. 191-192.

TRIBUNAL SUPERIOR ELEITORAL. Recurso Ordinário nº 696. Ementa: Relator: Fernando Neves da Silva, Brasília-DF, 18 de fevereiro de 2003, DJ, v. 1, de 12.9.03, p. 120.

TRIBUNAL SUPERIOR ELEITORAL. Recurso Especial Eleitoral nº 25.256. Relator: Francisco Cesar Asfor Rocha, DJ de 5.5.06, p. 151.

TRIBUNAL SUPERIOR ELEITORAL. Recurso Especial Eleitoral nº 19.566. Relator: Sálvio de Figueiredo, Brasília-DF, 18 de dezembro de 2001, DJ de 26.4.2002, v. 1, p. 185.

TRIBUNAL SUPERIOR LEITORAL. Recurso Contra Expedição de Diploma nº 755. Relator Arnaldo Versiani Leite Soares, Brasília-DF, 24 de agosto de 2010, DJE de 28.09.10, p. 11/15.

TRIBUNAL SUPERIOR ELEITORAL. Recurso Especial Eleitoral nº 21.248. Relator: Fernando Neves, Brasília-DF, 16 de setembro de 2003, DJ de 7.11.2003, p. 155.

TRIBUNAL SUPERIOR ELEITORAL. Embargos de Declaração no Recurso Especial Eleitoral nº 37.250. Relator: Aldir Passarinho Júnior, Brasília-DF, 1º de junho de 2010, DJE de 3.8.2010, p. 262.

TRIBUNAL SUPERIOR ELEITOAL. Recurso Especial Eleitoral nº 19.229. Relator: Fernando Neves da Silva, Brasília-DF, DJ, v. 1, 5.6.01, p. 111.

TRIBUNAL SUPERIOR ELEITORAL. Agravo Regimental em Recurso Especial Eleitoral nº 21.792. Relator: Caputo Bastos, Brasília-DF, 15 de setembro de 2005. DJ de 21.10.2005, p. 99.

TRIBUNAL SUPERIOR ELEITORAL. Recurso Especial Eleitoral nº 19.739. Relator: Fernando Neves da Silva, Brasília-DF, 13 de agosto de 2002, DJ, v. 1, 4.10.02, p. 233.

TRIBUNAL SUPERIOR ELEITORAL. Agravo Regimental em Ação Cautelar nº 3.307. Relator: Arnaldo Versiani, Brasília-DF, 6 de outubro de 2009, DJE de 27.10.2009, p. 19.

TRIBUNAL SUPERIOR ELEITORAL. Recurso Especial Eleitoral nº 25.902. Relator: José Gerardo Grossi, Brasília-DF, 4 de abr. 2004, DJ de 28.4.04, p. 140.

TRIBUNAL SUPERIOR ELEITORAL. Recurso Especial Eleitoral nº 21.264. Relator: Carlos Velloso, Brasília-DF, 27 de abril de 2004, DJ, v. 1, 11.6.2004, p. 94.

TRIBUNAL SUPERIOR ELEITORAL. Recurso Especial Eleitoral nº 21.022. Relator: Fernando Neves da Silva, Brasília-DF, 5 de dezembro de 2002, DJ, v. 1, 7.2.03, p. 144.

TRIBUNAL SUPERIOR ELEITORAL. Recurso Especial Eleitoral nº 25.146. Relator: Marco Aurélio, Brasília-DF, 7 de março de 2006, DJ de 20.4.06, p. 124.

TRIBUNAL SUPERIOR ELEITORAL. Habeas Corpus nº 292. Relator: Eduardo Ribeiro, Brasília-DF, 3 de fevereiro de 1998, DJ de 6.3.98, p. 69.

TRIBUNAL SUPERIOR ELEITORAL. Recurso Ordinário nº 772. Relator: Humberto Gomes de Barros, Brasília-DF, 29 de junho de 2004, DJ de 5.11.04, p. 159.

TRIBUNAL SUPERIOR ELEITORAL. Recurso Ordinário nº 773. Relator: Humberto Gomes de Barros. Relator designado: Carlos Mário da Silva Velloso, Brasília, DF, 24 de agosto de 2004, DJ de 6.5.05, p. 150.

TRIBUNAL SUPERIOR ELEITORAL. Recurso Ordinário nº 2.373/RO. Relator: Arnaldo Versiani, DJE de 3 de novembro de 2009.

TRIBUNAL SUPERIOR ELEITORAL. Medida Cautelar nº 1.049. Relator: Sálvio de Figueiredo Teixeira, Relator designado: Fernando Neves da Silva, DJ, v. 1, 6.09.02, p. 206.

TRIBUNAL SUPERIOR ELEITORAL. Agravo Regimental em Medida Cautelar nº 1.850. Relator: José Gerardo Grossi. Brasília, DF, 3 de agosto de 2006, DJ de 28.8.06, p. 101.

TRIBUNAL SUPERIOR ELEITORAL. Recurso Especial Eleitoral nº 26.118. Relator: José Gerardo Grossi. Brasília-DF, 1º de março de 2007, DJ de 28.3.07, p. 115.

TRIBUNAL SUPERIOR ELEITORAL. Agravo Regimental em Medida Cautelar nº 1.000. Relator: Sálvio de Figueiredo Teixeira, Brasília-DF, 26 de junho de 2001. DJ, v. 1, 7.12.01, p. 9.

TRIBUNAL SUPERIOR ELEITORAL. Agravo Regimental em Ação Cautelar nº 3.307. Relator: Arnaldo Versiani, Brasília-DF, 6 de outubro de 2009, DJE de 27.10.09, p. 19.

TRIBUNAL SUPERIOR ELEITORAL. Recurso Especial Eleitoral nº 25.902. Relator: José Gerardo Grossi, Brasília-DF, 4 de abril de 2004, DJ de 28.4.04, p. 140.

Eliza Mara Alves do Prado é paranaense. Pós-graduada em Orientação Educacional, fez do magistério a sua profissão durante muito tempo. Lecionou Geografia e História por 15 anos, no Estado do Paraná. Atuou como orientadora educacional e foi eleita vice-diretora do Colégio Estadual Bento Mossurunga, em Umuarama. Depois que se mudou para Brasília, trabalhou no Ministério da Cultura e no Instituto Nacional de Previdência Social. Bacharel em Direito, é desde 2004 servidora do Tribunal Superior Eleitoral.

www.ingramcontent.com/pod-product-compliance
Lightning Source LLC
Chambersburg PA
CBHW051814170526
45167CB00005B/2005